本书获辽宁社会科学规划基金青年项目"社会企业融入中国式现代化的路径与政策研究"（L23CSH008）资助。

社会企业融入中国式现代化的路径与政策研究

梁　鹤　著

 吉林大学出版社

·长　春·

图书在版编目(CIP)数据

社会企业融入中国式现代化的路径与政策研究 / 梁
鹤著. 一长春：吉林大学出版社，2024.5. -- ISBN
978 - 7 - 5768 - 3217 - 4

Ⅰ. D61；F279. 23

中国国家版本馆 CIP 数据核字第 2024WD8845 号

书　　名：社会企业融入中国式现代化的路径与政策研究
SHEHUI QIYE RONGRU ZHONGGUOSHI XIANDAIHUA DE LUJING YU ZHENGCE YANJIU

作　　者：梁　鹤
策划编辑：黄国彬
责任编辑：张　驰
责任校对：周　鑫
装帧设计：姜　文
出版发行：吉林大学出版社
社　　址：长春市人民大街 4059 号
邮政编码：130021
发行电话：0431－89580036/58
网　　址：http://www.jlup.com.cn
电子邮箱：jldxcbs@sina.com
印　　刷：天津鑫恒彩印刷有限公司
开　　本：787mm×1092mm　　1/16
印　　张：8.5
字　　数：130 千字
版　　次：2025 年 1 月　第 1 版
印　　次：2025 年 1 月　第 1 次
书　　号：ISBN 978 - 7 - 5768 - 3217 - 4
定　　价：58.00 元

前　言

　　社会企业兴起于西方国家，是用经济手段解决社会问题的混合型组织。社会企业将公益目标和商业理念有机结合，创造性地破解社会难题，在西方国家已经实现了井喷式发展和规范化发展。2004年，社会企业的概念作为一种创新性的公共服务模式被引入中国，高度迎合了我国社会治理转型的时代背景，成了现代化社会治理体系的一支重要力量。但目前社会企业在我国仍属于典型的舶来品，在实践中其合法性建构及其规范化发展仍处于本土化的探索阶段，相关社会学议题的理论研究多以概念辨析和理论移植为主。随着管理学的介入及交叉学科视角的运用，社会企业的研究出现了一批研究方法相对规范，发表期刊水平相对较高的研究成果，引入了一些更规范且多样的研究方法，但这些研究多关注社会创业、组织成长等管理学议题，忽略了组织与制度互动等社会学理论研究的视角。在中国式现代化的背景下，本书通过对社会企业的实践内涵与中国式现代化的社会学内涵的匹配度分析，研究了中国式现代化进程中社会企业的结构嵌入性。结合路径研究，提炼在中国当前的制度情境下社会企业本土化发展的实践逻辑、运行机理与政策困境，提出了来源于具象化实践需要，能够更好嵌入中国现行市场与监管体制机制框架的政策设计。为新时期中国社会企业高质量发展提供制度保障的同时，为中国式现代化提供来源于社会主体实践自觉的微观支撑和具体借鉴。"以社会行动的结构"实现"以新的社会互动创新社会治理"。

本书主要包括三个部分：一是社会企业融入中国式现代化的理论逻辑，分别从社会企业融入中国式现代化的理论意义、社会企业与中国式现代化的理论契合和社会企业融入中国式现代化的历史必然性三方面展开论述。首先，社会企业融入中国式现代化是典型的制度环境下组织获取合法性的内在要求，社会企业的混合属性能够为中国式现代化提供多元主体支撑；其次，中国式现代化与社会治理的再转型相共生，是创造发展理念变革跃升的新征程，将通过新的社会互动创新社会治理，通过实践自觉促进社会化主体的全面发展，通过学科自觉推动人文社会科学研究的新进展，共同推动市场主体发展方式与理念转型；再次，社会企业已经扎根在社区治理、乡村振兴等诸多领域，与中国式现代化的发展理念形成了高度契合。二是社会企业融入中国式现代化的路径研究，基于规范的案例研究方法对典型案例开展纵向分析，提出了新洞见，分别研究了社会企业参与乡村振兴的理论逻辑与实践路径、平台型社企助力发展方式变革的理论逻辑与实践路径以及制度变迁的"夹缝"下偶发型社会企业发展的实践路径与理论逻辑。为便于阅读，更好承上启下。三个案例研究均采用统一的体例规范，主要分为案例情况说明、文献回顾与对话、路径分析、制度的拓展性探讨与小结，共五重写作段落。三是社会企业融入中国式现代化的政策设计，基于典型案例研究的问题发现、路径归纳与新洞见，结合欧盟社会企业支持外部生态系统的底层逻辑与政策框架，分别从加快社会企业高质量发展的合法性赋能、建立"评估·宣传·认定"相结合的社会企业评估报告制度、构建"产业·财政·金融·民间资本"四位一体的社会影响力投资市场、探索设立同一化的政府采购与同业互助平台、将社会企业人才培育纳入到国家创新人才战略共五方面建构贯穿社会企业本土化发展全生命周期的政策框架。立足中国现行的市场体制、监管体制、融资体制、人才体系，提出了具象化的发展思路和政策建议。

综合来看，本书基于理论研究、典型案例的规范研究和政策研究，回应了"社会企业融入中国式现代化的路径与政策研究"这一时代性的理论议题。从"适应—建构"的双重视角出发，以组织社会学的理论和话语体系为基础，构建了本书的写作体系。本书的主要创新之处有两个：一是通过提出中国式现代化进程中社会企业结构嵌入性的理论观点，将社会企业本土化研究从制度形塑拓展到制度互构。通过对微观实践案例的归纳总结，导出社会企业在融入中国式现代化进程中面临的普遍问题，进而研究宏观层面的政策设计，实现从"对制度的探讨与思考"到"对政策提出可行建议"的实践跃升。二是基于对社会企业本土化发展典型案例的机理分析、制度分析和政策分析，提出在"法规、行政、政治"多重合法性赋能的基础上，"评估、宣传、认定"相结合的社会企业评估报告体系，"产业资金、财政资金、金融资金、民间资本"四位一体的社会影响力投资市场，基于负面清单管理模式的"政府采购＋同业互助"同一化平台，以及纳入到国家创新人才战略的人才培育体制的政策设计框架与具体建议。为中国式现代化下国家治理体系及其政策设计的优化提供了理论借鉴。

　　本书在理论研究和案例研究的基础上，也高度重视政策建议的适用性，有关建议通过党派专报、提案建议、建言献策等形式形成了一系列的专题研究报告，报送给国家有关部门、省委和省政府的有关领导。力争将理论研究转化为政策研究，将理论、案例与政策研究书写在祖国大地上。

目 录

第一章　社会企业融入中国式
现代化的理论逻辑

一、社会企业融入中国式现代化的理论意义

（一）制度环境下组织获取合法性的内在要求

制度主义是从制度环境的角度研究其他社会现象或者具体的制度。当代西方制度主义以制度理论为基础。回顾制度理论的兴起，有着错综复杂的背景，与发展中国家的发展实践紧密相关，制度主义与发展社会学有很多交叉，制度主义的兴起是对社会发展趋势的理论回应。[①] 从制度主义始源的思路出发，社会学早期的研究多聚焦在制度的功能性作用、制度与个人的相互依赖与作用等几个方面。但是早期制度主义研究多将制度主义作为一个既定事实，研究制度的结构和影响，例如政治系统、语言符号和法律系统等。[②] 早期的制度主义虽然将制度研究作为学科的"骨架"，但是很少将制度用于分析制度化下形成的组织本身。组织成了制度研究的客体，使得制度主义逐渐成为分析组织等社会实体的理论框架。以制度分析推动学科发展的拓展使得制度研究能够得到学科意义上其他学科和研究领域的认同，成为真正社会学学科研究范畴的"制度主义"。

[①]　刘少杰. 国外社会学理论[M]. 北京：高等教育出版社，2006：505.

[②]　郭毅，徐莹，陈欣. 新制度主义：理论评述及其对组织研究的贡献[J]. 社会，2007(1)：14-41.

　　回顾社会学的制度主义理论的发展，早期社会学创立的目的之一就是研究生产方式与社会结构急剧转型情况下，稳定社会秩序建设的可行性。斯宾塞从社会生物主义与个人主义出发，主张制度的自然生成，斯宾塞所说的自然生成的制度是与组织和群体密不可分的规范化的行动规则。制度的功能在于使社会生活的主要领域得到整合，将制度构念为确定社会关系和利益，被人们认可的程序或形式，实现稳定的秩序。①

　　韦伯则进一步对制度进行了比较分析，把其所处的时代的综合情境作为社会学研究的环境构念，指出制度的具体范畴和表现，主要有：习俗、惯例、社会规则、家庭、亲属、宗族关系、组织、阶级、特权、文化信仰、宗教、市场、法律与国家等具体的形式。② 韦伯认为在现实情境下，制度不是既定且一成不变的。③ 在此基础上，传统的旧制度理论研究制度的产生、功能、结构和变迁议题下的社会现象，逐步通过理论挖掘和建构开始重构制度，社会现象对制度情境的回应，形成了一个"认识制度—提炼理论—优化制度"的螺旋式上升，新制度理论也通过制度主义的理论构建开始关注回应制度和重构制度的议题。

　　帕森斯在社会学大的情境下反对经济学的纯粹理性假设，认为理性选择需要从情境和组织系统的目标去思考，行动是受到社会综合情境制约的。他认为制度理论应当与行为理论结合起来，从社会行动的社会现实出发解释制度的产生与变迁。默顿更进一步地指出，制度对社会行动既是一种制约，更是一种支持，社会行动以社会结构为媒介，选择在社会结构中的核心位置，从而实现资源获取与交换。个体行动与社会制度之间存在相互依赖的关系，并且个体行动对制度的形成与变迁具有重要的作用。④ 社会学的制度主义研究开始关注对制度理论的提炼，已经在社会现实中对制

①　刘少杰. 国外社会学理论[M]. 北京：高等教育出版社，2006：512-513.

②　马克斯·韦伯. 经济与社会（上卷）[M]. 林荣远，译. 北京：商务印书馆，2004：12-24.

③　李强. 传统中国社会政治与现代资本主义——韦伯的制度主义解释[J]. 社会学研究，1998(3)3-16.

④　T PARSONS, C CAMIC, J COLEMAN, J ALEXANDER. Prolegomena to a theory of social institution—with prologue and commentary[J]. America sociology review，1990，Vol 55(6)：313-345.

度理论进行检验，从而回应并重构制度。社会学的新制度主义逐步成了研究社会学议题的重要理论工具。

社会学的新制度主义超越了旧制度主义对制度进行的相对单一研究，社会学家开始关注制度因素作为环境因素对于认知的影响，即研究那些创造、维持和改变社会结构的行为。通过制度主义构建一套组织的形成、确立、发展和消亡的行为理论。从组织的制度分析上看，包括组织所处的制度环境研究（如场域研究）、组织内部的制度文化研究（如组织行为的模仿机制、规范性机制和强迫性机制研究）。在这个过程中出现了大量的学科交叉，例如在制度环境研究中引入了交易成本范式、在组织内部的制度文化研究中引入了组织架构和社会责任等商业理论。所以研究者经常会看到组织社会学的核心研究议题被发表在管理学和经济学专业期刊上。但归根结底组织社会学和社会学的制度分析是要立足于对制度的深刻剖析。新制度主义的重要意义在于它旨在揭示组织内部制度逻辑、组织与外部制度环境的关系逻辑，使得社会学研究的"真实世界"更深刻地被剖析和展示出来。

随着制度主义和制度理论的发展与成熟，在组织社会学等当代西方社会学各分支学科中也出现了新制度主义的理论解释。组织社会学的制度主义研究的重要假设是组织行为与所处的制度环境是高度统一的，强调社会制度、文化因素对于组织的合法性方面的影响。迈耶认为，制度环境对组织具有重要影响，组织是在制度环境的合法化压力下，通过对其他组织的制度进行学习模仿，最终实现了组织之间的制度同形。[①] 迈耶和斯科特都将制度环境界定为"组织为了从环境中取得合法性与支持必须遵守的规则与必要条件"，由此可见，外部制度环境对企业生存构成了一种外部约束，即制度压力。对此，斯科特认为，在考察组织面临的制度压力时，需要考虑各种资源提供者和利益相关者的期望与要求，这些期望与要求共同对组

---

① 刘少杰. 国外社会学理论[M]. 北京：高等教育出版社，2006：518.

织的行为构成激励与约束。①

迪马吉奥和鲍威尔则进一步指出，与经济学和管理学的利益驱动的理论逻辑不同，组织的制度主义强调主体的行为经常不受功利主义的驱使，而是在强制、模仿以及规范的压力下，更多地出于合法性的考虑，产生组织趋同现象。组织的制度主义最本质的特征是通过主体视角的认知来解释制度。组织的制度学派将制度定义为"能约束行动并提供秩序的共享规则体系，这个规则体系既限制行动主体的极端利益追求，又为一些自身利益受到通行的奖惩体制保护的社会集团提供特权"。②

对此，周雪光指出，迈耶作为组织社会学的新制度主义学派的奠基人，其学术贡献主要有三点，这也为组织社会学研究提供了新制度主义的研究框架。一是在明确组织发展受到环境影响的基础上，进一步区分了技术环境和制度环境。技术环境包括诸如市场条件、需求曲线和技术拓展方向等一系列技术问题，它要求组织在效率最优化的原则下开展生产活动；而制度环境是指组织需要面对的法律制度、文化期待、社会规范、观念制度等大众"广为接受"的社会事实，它要求组织服从"合法性"机制，采用被外界广泛认可、赞许的组织结构和行为模式。二是迈耶和罗恩发现了一种特别的组织现象：组织制度同形现象，即目标、任务及形态完全不同的组织会在制度设计上显示出惊人的相似性。这是以往早期制度学派和组织研究领域未曾关注到的现象。三是制度化组织的结构和实际运作常常是背离的。③

在新制度主义的研究框架下，组织社会学的新制度主义学派致力于解释以下几个组织现象：一是为何现代社会中各类组织普遍出现制度同形现象，即不同组织呈现出相似的科层制等级结构和功能性的组织形式；二是

---

① SCOTT W R. The adolescence of institutional theory[J]. Administrative Science Quarterly, 1987, 32(4): 493-511.

② DIMAGGIO PAUL and WALTER W POWELL. The new institutionalism in organizational study[M]. Chicago: University of Chicago Press, 1991: 1-38.

③ 周雪光. 组织社会学十讲[M]. 北京: 社会科学文献出版社, 2016: 71-85.

为何组织耗费大量资源和精力去从事与组织目标无关的活动；三是为何有时组织的正式制度和实际运行相去甚远。这也成了组织社会学研究的几个核心焦点。[①] 现阶段，关于社会企业的组织社会学研究也大多建立在新制度主义的分析框架内。徐洪波指出，相对于社会学而言，经济学在看待制度环境的视野上显得过于狭隘，社会学的新制度主义分析则为学科研究提供了一个更宏大和更具包容性的研究框架。[②] 制度不仅仅是一个主观认识，制度更是已有的社会规则内化到人的思想意识中，得到主体认同后支配人的实践行为的社会规则，所以制度既具有主体与客体统一的特点，又具有必须进入实践过程才成为现实行为规则的品格。制度环境是由复杂的环境因素构成的，单纯以国家作为制度背景来研究组织行为，可能会忽视不同制度压力来源作用的差异，采用更为精巧的分析框架才能得到更具解释力的结论。[③]

新制度主义研究框架内的社会企业的组织社会学研究则进一步将微观的企业生存实践与制度环境相结合，企业面临的环境不仅是市场环境，还有政府等相关利益者参与的非市场环境，组织的行动与经济行为必须要嵌入到社会性和规范性的制度情境中[④]，与之相应，企业必须针对市场环境和非市场环境做出反应以形成市场战略和非市场战略。制度理论强调环境中既有制度（广泛认可的信念或主流的结构和流程）影响利益相关者对组织的合法性判断，组织生态学则强调组织合法性由情境中同类组织数量（种群密集度）等结构化特征决定。[⑤] Nicholls 认为，社会企业具有塑造场域结构的能动性，可以采取如构建组织生态位、扩散成功商业模式的竞争同构、创造内生种群结构甚至向外拓展内在逻辑的自反同构（reflexive

---

① 周雪光. 组织社会学十讲[M]. 北京：社会科学文献出版社，2016：68-69.

② 涂洪波. 制度分析：对新制度主义的一种解读[J]. 广东社会科学，2006(06)：95-100.

③ 刘忠明. 从制度理论入手的中国管理研究：回顾与前瞻[J]. 战略管理，2009(01)：41-48.

④ OLIVE C. Strategic responses to institutional processes [J]. Academy of Management Review，1991，16(01)：145-179.

⑤ CARROLL G R，HANNAN M T. Density dependence in the evolution of populations of newspaper organizations[J]. American Sociological Review，1989(54)：524-541.

isomorphism)等方式提升种群密集度。[①]

刘振等认为，制度主义视角下那些处于市场与公益间的社会企业，常常会面临与内在要求相矛盾甚至冲突的多元化的制度环境，社会企业往往通过在结构与行为上做出改变，而在不同程度上应对或满足上述制度性需求，因此社会企业发展成为在结构与实践上与外部制度复杂性相配套的复合型组织。[②] 具体而言，社会企业本土化发展路径显示出明显的资源拼凑倾向。实物拼凑、技能拼凑以及市场拼凑是社会企业促进其经济价值的实现的必要策略，是对制度环境的被动适应；人力拼凑和制度拼凑则是社会企业促进其社会价值的实现的主要策略，是对制度环境的主动适应。在社会企业成长的不同阶段，面临着不同的制度环境约束，这就需要差异化的组织行动策略。[③]

综合来看，新制度主义已经不仅仅是一个理论流派，新制度主义更成了组织社会学研究的一个基本范式，是一个组织社会学的研究视角和基本研究框架。20世纪70年代到80年代之间，一批关于组织分析的新制度主义经典研究文献陆续发表，组织的制度主义理论在美国兴起，组织的制度主义理论框架有一个基本理论假设，即制度构成了行动主体策略行为的一个环境场景和框架性规则。组织的形成、确立、发展和消亡等行为都是在制度框架下的理性选择。组织社会学倾向于构念能够指导发展的"大理论"，发挥理论对实践的优先和指导作用。实现社会的、政治的、经济的理性的社会构建。[④] 组织理论内部的制度分析通常包括：制度的微观特征

---

① NICHOLLS A. The legitimacy of social entrepreneurship: reflexive isomorphism in a pre-paradigmatic field[J]. Entrepreneurship Theory and Practice, 2010, 34(4): 611-633.

② 刘振，崔连广，杨俊，等. 制度逻辑、合法性机制与社会企业成长[J]. 管理学报, 2015(04): 565-575.

③ 彭伟，于小进，郑庆龄，等. 资源拼凑、组织合法性与社会创业企业成长——基于扎根理论的多案例研究[J]. 外国经济与管理, 2018, 40(12): 55-70.

④ 沃尔特·W. 鲍威尔，保罗·J. 迪马吉奥. 组织分析的新制度主义[M]. 姚伟，译. 上海：上海人民出版社, 2008: 1-18.

分析、制度的宏观特征分析、制度的认知性分析和制度的规范性分析。①
组织理论的新制度主义和社会学的新制度主义都倾向于拒斥各种理性——
行动者模型，更愿意将制度作为一个可剖析的主要研究内容，研究其内在
运行机理，强调超越个体案例的规律总结。在社会学传统中，制度是某一
社会关系和行动被视为正当接受的一个现象学过程，从而对制度进行一种
认知和文化解释。②

　　组织分析的新制度主义具有明显的社会学色彩，强调通过共同的规则
和秩序，实现对社会行动的建构，使得社会行动和社会秩序都具有正当
性。在新制度主义中，外部制度环境对组织的影响十分微妙和深远，外部
制度环境不只影响到组织之间合作的选择问题，更会渗透到组织内部，影
响组织的结构、组织社会行动和组织文化，要强调组织与其外部制度环境
的互动关系。制度分析从根本上讲是一个认知过程。③ 在组织的制度研究
领域内部，具体体现在制度理论用于分析组织的制度同形现象，例如组织
制度的创立与扩散一方面是利益诱导，一方面是社会网络关系的联系和惯
性模仿，社会实践呈现出向一方面的趋同结果，同时也呈现出异质性的差
异，并且这种差异能够被归纳总结出来，形成两种或多种异质性的趋同
结果。

　　在新制度主义的分析框架内，场域与资源依赖理论、组织生态学理
论、交易费用理论以及合法性理论成了组织社会学研究的基本方法和进行
研究的主要技术路径。其中，合法性理论则是新制度主义研究框架下组织
社会学研究最为核心的理论和分析思路。组织要在外部制度环境中获得合
法性，才能够与利益相关的社会网络关系发生资源交换，实现社会行动的

---

① 沃尔特·W. 鲍威尔，保罗·J. 迪马吉奥. 组织分析的新制度主义[M]. 姚伟，译. 上海：上海人民出版社，2008：1-3.

② 沃尔特·W. 鲍威尔，保罗·J. 迪马吉奥. 组织分析的新制度主义[M]. 姚伟，译. 上海：上海人民出版社，2008：10-12.

③ 沃尔特·W. 鲍威尔，保罗·J. 迪马吉奥. 组织分析的新制度主义[M]. 姚伟，译. 上海：上海人民出版社，2008：17-18.

有序化和常态化。从某种程度上看，组织正式结构和组织社会行动的制度来源就是利益相关的社会网络关系的合法性认同。① 从而使组织的新制度主义分析与合法性分析形成了交叉，甚至是看似重叠的嵌入，既是新制度主义框架下的合法性分析，更是在合法性分析目标下的新制度主义分析的应用。从社会学的学科议题出发，新制度主义研究框架内大量的关于社会企业的组织社会学研究都围绕着制度环境下社会企业的合法性问题、社会企业组织行动的合法性逻辑、社会企业的合法性获取方式及合法性对于社会企业生存实践的影响等重要理论问题或重大现实问题，进行了大量的理论分析和实证分析。

　　具体而言，合法性问题一直是社会学的新制度主义学派高度关注的议题。合法性机制是组织在制度环境和社会情境下实现生存与发展的决定性因素。合法性的概念最早出现在政治学的意义上，随之哲学、法学、社会学等学科立足于不同的侧重点探寻合法性的深刻内涵。在制度理论的框架下，斯科特提出了政治学意义上的合法性的定义，斯科特认为，合法性是一种情境或者习惯的属性，这种情境或者习惯为组织界定了适当性，这种适当性即合法性的早期思想。在此基础上，让-马克·夸克（Jean-Marc Coicaud）认为，"合法性是人们对政治权力的认可，这种认可建立在一系列的条件基础上，如：认同、价值观、同一性和法律等"②。韦伯从正当的秩序层面切入研究了不同类型正当的秩序（制度环境）下的正当性基础，明确提出了基于被相信具有合法性的逻辑构念。合法性被视为一个正当性的概念，即一些利害关系者自愿同意接受此种形式，使拥有正当性的权威达到被服从的结果。③

　　韦伯认为合法性主要来自三方面：一是建立在传统基础上的合法性；

① 约翰·W. 迈耶，布里安·罗恩. 制度化的组织：作为神话与仪式的正式结构[M]. 姚伟，译. 组织分析的新制度主义，上海：上海人民出版社，2008：45-67.
② 让-马克·夸克. 合法性与政治[M]. 佟心平，等译. 北京：中央编译出版社，2002：1.
③ 马克斯·韦伯. 社会学的基本概念[M]. 顾忠华，译. 桂林：广西师范大学出版社，2010：62-72.

二是建立在权威型的卡利斯马（charisma）式的领导者基础上的合法性；三是在法理基础上的合法性。斯科特则用更简洁的概念明确地指出："组织如果想要在他们的社会（制度）环境生存下来并实现兴旺发展，除了需要物质资源和技术信息之外，还需要得到社会的认可、接受与信任"。马克·萨奇曼则对这一过程进行了界定，即合法性是一种普遍化的理解或假定，组织的社会行动在社会建构的规范、价值、信念和身份系统中是有价值并能够得到广泛认同的。合法的组织通常是那些根据相关法律与准法律要求而建立的、符合这些要求而运行的组织。组织只有获得了合法性才能够在制度环境中抽取需要的资源，开展组织社会行动，实现自身发展。[2]

综合来看，合法性是一个内涵非常复杂的概念。在词典中被人们熟知的范畴就至少有五项基本内涵：一是符合法律规定的；二是与既定规章、原则和标准相一致的；三是在推理下符合逻辑的，并且能够得到广泛的逻辑推理上的认同；四是正当的；五是在传统认知下理所应当正常存在的。概括来讲，合法性表明某一事物或行为具有被承认、被认可和被广泛接受的基础。[3] 在社会学范畴，合法性又具有广义和狭义两种构念，广义的合法性是指韦伯提出的合法秩序，是法律等制度规则下的正当性。狭义的合法性则是指政治上统治者的认同。而在狭义上对统治者的认同方面，韦伯也明确地批判了卡利斯马式领导者的合法性基础。综合来看，在社会学的学科范畴，不论是广义的合法性还是狭义的合法性都是以是否具有被承认、被认可和被广泛接受的基础来进行界定的。从组织社会学和组织的新制度分析的角度看，即组织能否得到制度环境和制度环境下利益关联者的广泛认同。谢海定界定"合法性集结了两种主要含义，第一种是'合法律性'，意指一个行为或者一个事物的存在符合法律的规定，接近英文词

---

① 兰德尔·柯林斯，迈克尔·马科夫斯基. 发现社会：西方社会学思想述评（第八版）[M]. 李霞，译. 北京：商务印书馆，2014：207-208.

② W. 理查德·斯科特. 制度与组织——思想观念与物质利益（第3版）[M]. 姚伟，王黎芳，译. 北京：中国人民大学出版社，2010：67-71.

③ 高丙中. 社会团体的合法性问题[J]. 中国社会科学，2000（02）：100-109，207.

legality；第二种是'正当性'、'合理性'，表征一个行为或者一个事物的存在符合人们某种实践或程序的价值准则，以及其他非强制的原因，而为人们所认可或赞同，进而自愿接受或服从，接近英文词 legitimacy"[1]。综合来看，在制度理论的大框架下，组织必须要获得合法性才能够保障其基本的生存与发展。

从组织社会学"大理论"构念下理论指导实践的本土化导向看，高丙中对组织的合法性进行了归纳和分类，即本土情境下的组织合法性可以被分解为社会文化认同层面的社会合法性、行政监管认定层面的行政合法性、统治者执政理念认同的政治合法性和严格法律规范意义上的法律合法性。在组织社会学发展和实践导向下，组织的合法性实质上就是组织能否在外部制度环境下持有生存和发展的正当性问题。

在本土化的实践情境下，组织具有四方面合法性中的一到两项，就可以维持在本土化制度环境下的常规运转，但是如果组织需要发展壮大，就需要从外部制度环境中获得更多的资源，这种资源获取是建立在更大范畴上认同的基础上的，实质上就是如何获得更广泛的组织合法性的新制度主义议题。具体来看，社会文化认同层面的社会合法性的来源主要有：一是地方传统，二是当地的共同利益，三是有共识的规则或道理。行政监管认定层面的行政合法性的来源主要有：一是监管机构的正式文书，二是领导者的同意或者某种监管机构的符号加持（例如同意使用某种联合标志、授予锦旗等仪式）。统治者执政理念认同的政治合法性的来源主要是要确保政治方向性，主要表现有：一是一个组织要有正式的内部制度，与国家推崇的主流价值相一致，组织制度最好能够获得相关部门在政治上的认可；二是组织的社会运行要与国家政策相一致，要在制度环境下按照制度规范获得正式的身份，正式身份的确立也标志着其能够满足政治规范的检验并与政治规范的制度环境保持常规的动态联系。严格法律规范意义上的法律合法性的来源主要是按照国家有关法律条文和监管条例的具体规定，获得

---

[1] 谢海定. 中国民间组织的合法性困境[J]. 法学研究，2004，26(2)：17-34.

符合法治定义的主体资质，并在法律条文和监管条例的指导下保持自主运行。这种正式身份与前三者合法性的身份界定不同，这种身份界定是刚性的，具有至高无上的合法性意义，如果存在第四种合法性，其通常具备前三种合法性，并且哪怕不具备前三种合法性，第四种合法性也具有支配作用。①

在组织社会学的新制度主义研究框架内，合法性其实是一个理解和假定，是组织的行为的一个标准体系，包括价值体系、文化体系和信仰体系等制度规范的总和，组织的行为符合这一理解和假定就具有正当性。② "合法性基础"实际上回答了"组织为什么要满足利益相关方期望"的问题。合法性基础大体上可以分为三类：一是建立在强制性奖惩基础上的合法性，它往往源自国家机构③，这类具有强制性暴力的利益相关方，其评价合法性的标准集中体现为政策和法令；二是建立在对价值观和规范遵从基础上的合法性，这些价值观和规范下产生了对特定成员所扮演角色或行为的期待，即什么样的组织扮演何种角色或从事特定的行为是适当的，评价这类合法性的标准可以是惯例和（或）（非强制性）标准等；三是建立在共同理解基础上的合法性，个体与组织在很大程度上都要受到外部各种信念体系与文化框架的制约④，同时，这些信念体系和文化框架又将逐渐内化于个体和组织并最终成为其认知范式和（或）行为脚本。⑤

陈扬等人在对组织制度理论中的合法性进行较充分的综述后，提出"合法性"的问题可以等同于组织能在多大程度上符合利益相关方的期望，

---

① 马克斯·韦伯. 社会学的基本概念[M]. 顾忠华，译. 桂林：广西师范大学出版社，2010：62-63.

② SUCHMAN. Managing legitimacy：strategic and institutional approaches[J]. Academy of Management Review，1995，20，571-610.

③ SINGH. Performance，slack，and risk taking in organizational decision making[J]. Academy of Management Journal，1986，29(3)：562-585.

④ MEYER，JOHN W，BRIAN ROWAN. Institutionalized organizations：formal structure as myth and ceremony[J]. American Journalof Sociology，1977，83：340-363.

⑤ DIMAGGIO，POWELL. The Iron cage revisited：institutional isomorphism and collective rationality in organizational fields[J]. American Sociological Review，1983，48(2)：147-160.

并取得其在物质、行动和情感上支持的问题。组织之所以要取得这些利益相关方认同的症结在于，组织作为一个开放性的系统，必须要维持和外界物质和非物质的交换方能存续，而这些物质和非物质的资源的支配权则分别归属于不同的主体。如果这一逻辑演绎成立的话，组织合法性来源的问题实质上就是哪些主体掌握组织存续所需资源的问题。①

（二）为中国式现代化提供多元主体支撑

中国式现代化是中国共产党领导下立足新时期和新变化，主张和主导的现代化发展进程。面向全体人民，人民群众就是中国式现代化的践行者。具体来看，从社会主义市场经济体制出发，中国式现代化的建设者，包括国有企业、民企、各类慈善团体和广大人民群众。但是不同的主体已经形成了规范有序的行为逻辑和行为准则。

企业以逐利为本质特征。传统的经济学理论认为企业唯一的责任就是合规则地提高利润。② 国有企业的作为公有制的具体实践形式，在国家经济社会发展中的功能与使命不可忽视。国有企业功能与使命是随着社会经济发展需要和发展阶段而不断调整变化的。国有企业承载最大化公共利益和最优保障社会民生的使命要求③，承载了保障国家安全、主导国民经济命脉、完成特殊任务、支撑经济赶超的使命要求和功能定位④，承载了以国有资产保值增值为核心要求的"市场盈利"使命要求和功能定位⑤，具有体现社会主义基本经济制度和社会性质的物质基础的使命。⑥ 不同类型国有企业具有不同的功能作用，习近平总书记指出，国有企业是推进现代

① 陈扬，许晓明，谭凌波.组织制度理论中的"合法性"研究述评[J].华东经济管理，2012(10)：137-142.

② 米尔顿·弗里德曼.资本主义与自由[M].张瑞玉，译.北京：商务印书馆，2004.

③ 黄速建，肖红军，王欣.论国有企业高质量发展[J].中国工业经济，2018(10)：19-41.

④ 叶静怡，林佳，张鹏飞，等.中国国有企业的独特作用：基于知识溢出的视角[J].经济研究，2019，54(6)：40-54.

⑤ 黄群慧.国有企业在中国式现代化建设中的新使命新任务[J].国资报告，2022(11)：26-30.

⑥ 李政，周希祺.国有企业创新功能的理论逻辑与实现路径[J].当代经济研究，2020(8)：21-30，113，2.

化、保障人民共同利益的重要力量。[①] 在中国式现代化新道路进程中，国家使命呈现内涵更广、质量更高的演化特征，要求国资国有企业围绕科技自立自强、引领构建现代化产业体系、促进共同富裕、保障战略安全、推动绿色发展等国家使命发挥战略支撑作用。[②] 综合来看，国有企业在经济现代化、治理现代化、人的现代化建设方面都发挥着无可替代的特定功能，承载着独特使命，既是中国特色社会主义的重要物质基础与政治基础，贯通全体人民物质和精神生产生活的桥梁，更是中国式现代化新道路以及全面建设社会主义现代化国家新征程的重要参与者、推动者和实践者。立足新的历史方位，国有企业必须坚持做强做优做大，更好承担起全体人民实现共同富裕的责任与使命。[③] 相对国有企业，民营企业更好履行社会责任也被作为重要选题，得到了很多学者，尤其是国际主流期刊的关注。然而，不论国有企业如何坚守使命，民营企业如何更多地承担和履行社会责任，企业终究是以营利为目的的市场主体。离开了营利的根本角色定位，市场经济这只看不见的手的根本所在就会被撼动。在现行的市场经济体制和国际规则导向下，企业履行社会责任更多的是一种义务，归根结底是一种行为，而非根本目标。

政府以公共利益为服务目标，是国家进行统治和社会管理的机构，是表示国家意志、发布命令和处理事务的机关。政府承担着国家管理职能，是公共行政权力的象征及其行为主体，是行政体制改革的主体，也是经济体制改革的主导者。由于垄断、信息不对称，尤其是经济外部性的存在，市场这只看不见的手存在广泛的失灵现象。政府要对市场失灵进行有效应对和调控。在中国，有为政府建设的大背景下，相对西方，中国政府将更

---

① 习近平.保持战略定力增强发展自信　坚持变中求新变中求进变中突破[N].人民日报，2015-07-19.

② 谢伏瞻，蔡昉，江小涓，等.完善基本经济制度　推进国家治理体系现代化——学习贯彻中共十九届四中全会精神笔谈[J].经济研究，2020(1)：4-16.

③ 綦好东.全面建设社会主义现代化国家新征程中国有企业的功能使命[N].光明日报，2022-8-25.

加积极有为。政府既是政策与规则的制定者，也是市场主体遵守政策与规则的监管者，随着服务型政府的建设，政府正在间接或直接地介入到市场化的创新发展过程。尤其是通过产业政策的制定，直接干预着产业资源和创新资源的市场化配置过程。[①] 同时，在扶危济困、弱势群体帮扶、分配调控等领域，政府承担着兜底责任。地方政府更是对不完全计划和不完全市场的有效衔接。在中国，政府由全国人民代表大会选举产生，受它监督，并对它负责。改革开放以来，我国先后进行了七次大的行政管理体制改革。逐步建立了依法治国、有效治理与服务型政府的发展理念。政府各级事权更加规范化、法治化，形成了政府权力清单、责任清单管理制度。市场、政府和社会间的关系更加清晰明确。[②] 通过购买公共服务实现政府公共服务职能转变的同时，也为第三部门的快速发展提供了资源保障。综合来看，政府是中国社会主义市场经济体制下体制改革、经济发展、社会发展的重要推动力，相对西方政府，更加积极有为，是新时期中国式现代化不可或缺的主导者和推动力。

在政府的公共服务与企业的逐利属性之外，被称为第三部门的非政府、非营利性组织则主要履行扶危济困的社会使命，以慈善事业为工作主线。20 世纪 90 年代，西方国家曾兴起了一场创建各种非营利的、非政府的组织的运动，由于将从事国家事务管理的政府称作第一部门，将从事经营活动的企业称作第二部门，这些非营利性、非政府的组织就被统称为第三部门。第三部门主动、自觉、自主地参与社会事务，信仰社会价值的承诺。[③] 第三部门也被形象地称为"非营利部门""志愿部门"，甚至是"利他部门"。第三部门的建立与发展直接弥补了企业这种典型的私利部门的主体责任，与政府的职责高度匹配。与西方国家的公民社会的情境不同，中国

---

① SHU C L, WANG Q, GAO S X, et al. Firm patenting, innovations, and government institutional support as a double-edged sword[J]. Journal of product innovation management, 2015, Vol 32(2)：290-305.

② 王浦劬. 论转变政府职能的若干理论问题[J]. 国家行政学院学报，2015(1)：31-39.

③ 张莉，风笑天. 转型时期我国第三部门的兴起及其社会功能[J]. 社会科学，2000(9)：64-67.

社会主义制度下本身就有一系列的志愿性、公益性、事业性组织机构，这些部门实际上也是广义的第三部门。第三部门的发展离不开政府的需求和支持。在计划经济到市场经济的转轨时期，第三部门改革符合国家体制转型与经济社会发展的实际需要，形成了中国特色的第三部门。这些部门的形成加速了政府职能转变和中国社会转型的进程。第三部门的行为既不是基于强制性规范，也不是以营利为目的，作为一种松散的组织形式，第三部门相对政府具有更加灵活，对基层参与和融入度更高，更符合创新机制的特征，使其能够广泛地介入到社会福利服务领域。同时，第三部门还通过社会性福利服务这种利他行为来促进社会性伦理的完善，协调经济发展与社会发展的不同步性。随着政府的积极干预与介入，政府逐渐成了第三部门的主要财政来源，这使得原本看似两个部门间的冲突和竞争关系，转化为一种新型的合作伙伴关系。第三部门成了政府公共服务能力建设的重要补充。相对企业等市场主体，第三部门不以营利为目的，在管理体制和运营方式上更加人性化，能够更快地融入社区和社群，对政府与公民，甚至在政府与企业间形成桥梁纽带作用。[①] 综合来看，在中国，城乡二元经济的不平衡、不协调问题，为第三部门融入中国式现代化的发展进程提供了工作舞台和成长空间。这种非营利性、非政府性，立足于慈善事业的第三部门，也是中国式现代化的实践主体和重要推动力。将在乡村振兴和三次分配过程中体现出不可或缺的组织优越性。

政府、企业和第三部门都是中国式现代化不可或缺的行为主体和重要推动力，三者都有各自的行为逻辑与发展方式，社会企业作为一种以商业实践践行社会使命的市场主体，能够为中国式现代化提供更多元的主体支撑。20 世纪 70 年代末，欧美国家陷入经济危机，出现巨额财政赤字，社会矛盾激增，社会企业作为缓解"政府失灵""市场失灵"和"志愿失灵"的补救性手段应运而生，并凭借其在改进公共服务、解决社会问题、促进地区

---

① 熊跃根. 转型经济国家中的"第三部门"发展：对中国现实的解释[J]. 社会学研究，2001，16(1)：89-100.

经济发展、增强社会凝聚力等方面的独特优势,在其后的 20 年里快速发展,成为世界范围内公共服务领域的一支重要力量。作为现代社会企业的发祥地,西欧和美国的社会背景有所不同,社会企业兴起的内在逻辑也存在较大差异。但总体来看,其背后的社会根源不外乎以下几方面因素:政府角色膨胀、公共财政危机、企业社会责任凸显、道德消费呼声高涨、非营利组织难以为继及可持续发展理念的提出。[①] 从现实需要出发,1994年,经济合作与发展组织(Organization for Economic Co-operation and Development,以下简称"OECD")在书面报告中首次提出了"社会企业"一词[②],即社会企业是指既利用市场资源又利用非市场资源以使低技术工人重返工作岗位的组织,用于界定和鼓励社会企业的专项研究和重点扶持。随后,OECD 提出一个更为完善的定义,社会企业包括:任何为公共利益而进行的私人活动,它依据的是企业战略,但其目的不是利润最大化,而是实现一定的经济目标和社会目标,而且它具有一种为社会排挤和失业问题带来创新性解决办法的能力。[③] 这一社会企业的概念在 20 世纪末进入我国香港和台湾地区,于 21 世纪初开始进入内地(祖国大陆)[④],在服务型政府建设、企业社会责任运动高涨、非营利组织公益创新思潮传播、政府大力倡导社会创新理念[⑤]以及全球化[⑥]等内外部因素的共同作用下,迅速发展壮大,并在中国社会转型期发挥着越发重要的制度性角色作用。[⑦]

　　综合来看,社会企业与企业社会责任在本质上完全不同,企业社会责任是对企业本质的一种抗力行为,而社会企业则是一类用经济手段解决社会问题的混合型组织。其更加灵活,与企业社会责任的行为链接不同,社

---

①　潘小娟. 社会企业初探[J]. 中国行政管理,2011(07):20-23.

②　刘继同. 经济合作与发展组织报告节选[M]//中国社会工作研究(第二辑). 北京:社会科学文献出版社,2002:197-201.

③　OECD. Social Enterprises,1999.

④　沙勇. 社会企业:理论审视、发展困境与创新路径[J]. 经济学动态,2014(05):49-56.

⑤　王名,朱晓红. 社会企业论纲[J]. 中国非营利评论,2010(02):1-31.

⑥　黄承伟,覃志敏. 我国社会企业发展研究述评[J]. 学习与实践,2013(05):103-110.

⑦　刘小霞. 我国社会企业的历史演进及制度性角色[J]. 中央民族大学学报(哲学社会科学版),2013,40(06):53-60.

会企业能够在传统的政府、企业、第三部门的边界锁定下形成跨"角色-行为"边界的连接，拥有独立的意见表达、规范守则和"用脚投票"的权利。相对政府，社会企业则兼具企业和第三部门的行为特征，行为更加灵活，创新能力更强，能够更广泛地扎根在各领域的细分实践范畴。相对第三部门，社会企业对市场经济体制的融入度更高，在能力和创新等多个层面具有显著优势。从组织的服务对象及运行逻辑来看，社会企业虽然源自西方的制度创新，但我国学者认为，新中国成立以来一直存在社会企业的本土发育痕迹：包括从建国初期的"以工代赈"组织、烈军属和贫民生产单位、计划经济时期的社会福利企业到改革开放后的街道、企事业单位办社会福利企业、为应对下岗失业问题而出现的灵活就业企业、非正规就业组织、民办非企业单位、城市住宅合作社及创业型社会企业等。① 在我国开展社会企业研究，既符合社会组织的国际研究趋势，也符合中国特色社会主义市场经济和新时期中国式现代化的发展诉求，既有理论需要又能够为新时期中国式现代化提供更多元的主体支撑。

二、社会企业与中国式现代化的理论契合

(一)社会企业的理论内涵

社会企业实际上就是通过商业方式来践行社会使命的组织，这种模式与企业社会责任的差异主要是，社会企业是以社会使命为先的。这种以社会使命为先，一方面体现在其发展目标的优先级上，社会企业是以践行社会使命为先的；另一方面体现在社会企业通常在成立初期就先有明确的社会性的组织使命，而后去探索践行其社会使命的商业模式。社会企业的商业发展是服务于甚至是从属于其社会性的组织使命的。这就使得社会企业的发展模式显著区别于企业，其合法性内涵也更加复杂化。② 这种复杂化

---

① 时立荣，徐美美，贾效伟. 建国以来我国社会企业的产生和发展模式[J]. 东岳论丛，2011，32(9)：159-163.

② WRY T and YORK J G. An identity based approach to social enterprise [J]. Academy of Management Review，2017，42(3)：437-460.

是社会企业社会性与市场性内在张力的核心体现，社会企业就是在这种高度的内在张力下根植于社会事实，以回应社会问题、满足社会需求为内在动力。对社会企业发展模式的争论并没有阻碍社会企业的发展步伐，社会企业已经成为实践领域自发兴起的制度创新。只是其相对企业这种传统商业化组织形态，社会企业存在显著的发展异质性及其概念本身的模糊性[①]，使其至今仍引起学术界乃至实务界的颇多争议。为更好地理解社会企业的本质特征并推动理论及实践进展，有必要先系统地梳理既有文献对于社会企业发展模式的界定和解读。作为社会企业的发源地和科研主要阵地，西欧和美国的社会企业发展路径及组织形态差异明显，两地对于社会企业概念的解读也呈现完全不同的思路。

在欧洲，社会企业往往与倡导参与、民主、合作的社会经济理念紧密相连，认为社会企业作为一种特定组织形式应符合集体所有权和民主治理模式。社会企业是具有社会价值的合作社及志愿服务组织，它不以利润最大化为目的，具有清晰的社会目标，能够提供更多的就业机会，吸纳更广泛的公民参与，有利于社会福利的变革。不同于美国，欧洲社会企业重视造福社区多于实际盈余，但概念外延相对较窄，多以合作社、互助团体和协会的形式存在。政府倾向于赋予社会企业制度属性，使其成为社会福利的稳定性和常规性服务商，并通过立法及政策倾斜大力培育工作整合型社会企业的发展。[②] 欧洲社会企业研究网络的研究表明，社会企业的操作化定义应具备以下九个维度：一是持续地生产并（或）交易产品与（或）服务；二是实行高度自治；三是承担显著的经济风险；四是有酬工作的最少化；五是具有明确的社区利益向导；六是属于公民的自发行为；七是决策权不取决于所有权；八是治理模式具有参与性特征，尤其强调受组织活动影响

① MONICA DIOCHON, ALISTAIR R ANDERSON. Ambivalence and ambiguity in social enterprise: narratives about values in reconciling purpose and practices[J]. International Entrepreneurship and Management Journal, 2011, 5(4).

② MIHAELA LAMBRU, CLAUDIA PETRESCU. Bottom—up social enterprises in Romania. Case study—Retirees' Mutual Aid Association[J]. International Review of Sociology, 2016, 26 (2).

的人群的参与；九是有限的利润分配。

相对而言，美国社会企业的概念界定更为宽松，其发展模式更加多样，社会企业可以以多种组织形态和法律形式存在，服务于社会各个领域。J. Gregory Dees[①]提出的"社会企业光谱"概念是典型的分析框架，明确提出社会企业是存在于传统商业组织和传统非营利组织间的巨大连续体。美国学界倾向于将社会企业理解为一个大的集合，其中包括侧重营利但从事造福社会相关活动的组织（企业慈善家或企业的社会责任）、存在于盈利和社会目标之间的双重目标的组织以及运用商业手段实现自我造血的非营利性组织。美国实务界则更关注商业模式解决社会问题这一现象本身，重视创收策略和实际营利，强调创新、开拓、造福社会的社会企业精神和社会企业家的培养。[②]

综合来看，鉴于各国经济政治结构、法律制度体系、社会人文环境等都存在较大差异，社会企业的发育路径、组织形态必然各具特色，难以形成统一定义。目前国际学术界对社会企业的模式界定、范畴、定义和解读仍未达成共识，仅目前欧洲及美国的社会企业研究相对较为成熟，概念界定具有相对较好的适用性。[③]要进行社会企业的"中国模式"和中国实践研究，还需要将社会企业置于地域视角下进行深度比较分析，从而根据实践需要提出一个更具包容性的解释框架，可以恰当、贴切地诠释社会企业的多样性特征。

从主要特征出发，社会企业的概念虽然在不同的社会情境下具有不同的内涵和解读方式，但总体而言，社会企业具有经济和社会双重特性。从

① DEES J G. The social enterprise spectrum：pholanthropy to commerce[M]. Boston：Harvard Business School Press，1996.

② HIBBERT S A，G HOGG and T QUINN. Consumer response to social entrepreneurship：The case of the BigIssue in Scotland[J]. International Journal of Nonprofit & Voluntary Sector Marketing，2002，7(3).

③ DEFOURNY J，NYSSENS M. Conceptions of social enterprise and social entrepreneurship in Europe and the united states：convergences and divergences[J]. Journal of Social Entrepreneurship，2010，1(1).

经济特性看，社会企业具有可持续地生产商品和销售服务、高度自治、经济风险显著、雇员薪酬水平较低等特征。而从社会特性看，社会企业具有一个让共同体受益的明确目的；它由一群公民发起行动；拥有的决策权不是基于资本所有权；具有参与性，受项目影响的所有人都能参与活动；只进行有限的利润分配，或者说资产锁定。[①]

我国学者对于社会企业发展模式的解读也存在分歧，部分学者认为社会企业可以理解为非营利组织或企业组织的新形态[②③④⑤]；也有学者视其为一种混合体或是介于营利与非营利组织之间形态的一种组织类型[⑥]；王名、朱晓红则认为社会企业既不是企业也不是非营利组织，而是同时对企业的营利机制和对非营利组织的公益机制的双重否定和超越，是把市场经济和社会公益在本质上结合起来并推向更高境界的制度创新。[⑦] 我国有学者将社会企业称为"社会经济"，因为其从事的活动并不用于资本积累，相反，通过把部分利润用于工人福利、社会救济等来制约资本分配。社会企业展现了"经济人"向"社会经济人"转换过程中企业对社会的主动性亲和、企业社会责任的制度性强化和协同治理理念的渗透。[⑧] 张晓峰、刘静、沈喆指出了社会企业的行动逻辑和传统儒家文化义利兼顾、重义轻利的价值理念的契合。[⑨]

社会企业的本土化发展也为中国的社会企业提供了多样化的实践模式。从实践出发，王名、朱晓红指出，基于市场实践、公益创新、政策支

---

① 雅克·迪夫尼. 从第三部门到社会企业：概念与方法[J]. 丁开杰，徐天祥，译. 经济社会体制比较，2009(4)：112-120.

② 俞可平. 发展社会企业，推进社会建设[J]. 经济社会体制比较，2007(11).

③ 杨家宁. 社会企业研究述评——基于概念的分类[J]. 广东行政学院学报，2009. 21(03)：78-81.

④ 丁开杰. "社会企业"能服中国水土吗[J]. 社区，2009(09)：43-44.

⑤ 沙勇. 社会企业发展演化及中国的策略选择[J]. 南京社会科学，2011(07)：49-54，64.

⑥ 时立荣. 转型与整合：社会企业的性质、构成与发展[J]. 人文杂志，2007(04)：181-187.

⑦ 王名，朱晓红. 社会企业论纲[J]. 中国非营利评论，2010(02)：1-31.

⑧ 甘峰. 社会企业与社会协同治理[J]. 中国特色社会主义研究，2014(03)：95-100.

⑨ 张晓峰，刘静，沈喆. 儒家义利观视角下的社会企业系统治理研究[J]. 山东社会科学，2017(02)：129-134，192.

持和理想价值四个层次，社会企业可大致分为四类："市场实践型""公益创新型""政策支持型"和"理想价值型"。① 社会企业虽为舶来品，却也与我国社会发展阶段和制度文化环境高度吻合，在实践领域发展极快。时立荣、王安岩指出，社会企业的兴起，创新了参与社会治理的组织形式和资源组合运作模式。它使企业社会责任升级为"社会企业家精神"，为社会学科直接解决社会问题提供了新的思路和新的方案；推动了公益项目创新、公益创业和社会影响力投资，具有推动公民参与、促进社会融合的作用；改变了旧的慈善观，更有可能颠覆人们对传统企业的认知，引发组织创新。②

目前，国际学术界对社会企业的界定和认证标准并没有达成共识，各国均根据本国国情和社会企业发展特色形成了不同的操作化定义。在中国，社会企业认证工作从 2015 年开始启动，为更好地开展认证工作，北京市社会企业发展促进会将其界定如下："社会企业是指优先追求社会效益为根本目标，持续使用商业手段、产品或服务，解决社会问题、创新公共服务供给，并取得可测量的社会成果的法人单位。"③ 这是目前国内较有代表性的社会企业定义，也是本研究选取社会企业的基本标准。

在此基础上，关于社会企业"以商业理念践行社会性目标为组织使命"这一发展模式的合法性的讨论成了社会企业研究的核心议题及基础议题。历杰等人对 Web of Science 和中国知网数据库中的百余篇核心文献进行了文本研究，从合法性基础、合法性获取的侧重点、合法性的复杂程度、稳定性和期望目标等维度对社会企业合法性的来源、形成机理，及其发展过程中合法性的作用机制进行了评述性研究。文章认为，合法性是社会企业生存实践的重要保障机制，社会企业的合法性虽然存在复杂性以及侧重点的差异，但在理论和实践探索过程中，社会企业"以商业践行社会性的组

---

① 王名，朱晓红. 社会企业论纲[J]. 中国非营利评论，2010(02)：1-31.

② 时立荣，王安岩. 社会企业与社会治理创新[J]. 理论探讨，2016(03).

③ 北京社会企业发展促进会. 2019 年北京市社会企业认证手册[DB/OL]. https：// mp. weixin. qq. com/s/JcvGUZOXQztiRJpc-MtlkA，2019-11/2020-08.

织使命"的发展模式具有高度的合法性内涵，并且相对企业，作为一种商业实践的新生事物，其合法性机制更具有长期性和稳定性的特征。合法性问题不仅不是社会企业"以商业践行社会性的组织使命"这一发展模式的掣肘，反而是社会企业能够在制度环境下实现生存与发展的关键竞争力，只是相对企业，社会企业的发展模式还没有那么成熟和稳定，需要根据不同的实践进行特定的合法性分析，从而丰富这一新发展模式的合法性内涵。[①]

综合来看，社会企业在市场与社会双重属性的制度张力下，其合法性本身就存在多元化特征，至少包括市场角色的合法性和社会角色的合法性，而这种先天的多元性决定了社会企业的合法性必然存在突出的模糊问题。以往对中国社会组织合法性获取方式的考察，更加关注在法律与行政[②]、政治导向[③]和竞合规则[④]等方面引入权威对组织合法性获取的作用机制。但在组织合法性存在内在的模糊问题的情况下，权威的认知和权威本身都很难形成，这种自上而下的组织合法性赋能就很难具备可行性。其实中国社会企业的本土化发展就像家庭联产承包责任制一样，虽然它们都在某一个特定的历史阶段存在着各种合法性的质疑，但新生事物和一种新的发展模式能够在实践中生存发展，必然存在其相对特定历史时期的发展优越性。应该坚持更开放的思维，通过中国社会企业本土化的实践探索来丰富中国社会企业的合法性内涵，改善传统认知。社会企业的发展不仅仅是一种模式创新，从合法性的层面来看，社会企业的发展也是一种制度创新，应当立足于发展来丰富对这一新模式及其合法性意涵的再认识。

(二)中国式现代化的理论内涵

现代化是一个复杂的历史现象和发展过程，是人类文明形态的演变过

---

① 历杰，吕辰，于晓宇. 社会创业合法性形成机制研究述评[J]. 研究与发展管理，2018，30(2)：148-158.

② 高丙中. 社会团体的合法性问题[J]. 中国社会科学，2000(2)：100-109，207.

③ 刘玉焕，井润田，卢芳妹. 混合社会组织合法性的获取：基于壹基金的案例研究[J]. 中国软科学，2014(06)：67-80.

④ 胥思齐，席酉民. 社会企业竞合活动及其合法性演进研究[J]. 南开管理评论，2018，21(06)：156-170.

程。20世纪50年代，围绕现代化这个复杂现象和过程，形成了经典现代化理论、经济发展理论、政治发展理论和依附发展理论等诸多理论脉络。现代化理论试图分析现代化的动力机制、形成过程、模式和结果评价。其中经典现代化理论在一定程度上揭示了以英美为代表的发达国家的现代化模式和演化进程。中国式现代化则是立足中国实践形成的现代化理论体系，习近平总书记在庆祝中国共产党成立100周年大会上指出："我们坚持和发展中国特色社会主义，推动物质文明、政治文明、精神文明、社会文明、生态文明协调发展，创造了中国式现代化新道路，创造了人类文明新形态。"在党的二十大报告中，习近平总书记提出"以中国式现代化全面推进中华民族伟大复兴"，系统阐述了中国式现代化的中国特色、本质要求和重大原则，并对中国式现代化建设进行全面部署。以此为标志，"中国式现代化"概念正式确立，中国式现代化新道路逐渐成熟定型。关于中国式现代化的研究也进入了一个新阶段。中国式现代化既有国家社会经济发展状况的量的界定，考察中国式现代化能否达到发达国家水平，又有符合人口规模巨大国情、人与自然和谐共生、物质文明与精神文明相协调、实现全体人民共同富裕和走和平发展道路等中国自身特色的发展内涵。①

　　综合来看，中国式现代化是人口规模巨大的现代化。中国有十四亿多人口，并且依然没有呈现出明显的负增长态势，"人口规模巨大"是中国式现代化理论和实践所面临的现实境遇。习近平总书记在党的二十大报告中明确指出："我国十四亿多人口整体迈进现代化社会，规模超过现有发达国家人口的总和，艰巨性和复杂性前所未有，发展途径和推进方式也必然具有自己的特点。"这就决定了中国式现代化与西方的现代化实践不同，不能建立在基于技术优势和制度话语权对外殖民和资源掠夺的基础上。我国巨大的人口规模，这就要求我们，在中国式现代化的进程中，始终坚持从我国人口规模巨大的现实国情出发，不能走西式竭泽而渔的粗放型和殖

---

① 中国式现代化研究课题组. 中国式现代化的理论认识、经济前景与战略任务[J]. 经济研究，2022(8)：26-39.

民型发展道路。

进一步而言，中国式现代化是人与自然和谐共生的现代化，由于人口众多，西方国家现代化过程中对落后国家的资源掠夺在道德和现实上都不可行，无休止地向自然索取，资源总会枯竭。没有发展的持续性，就会影响安全稳定，无法到达现代化的发展目标。习近平总书记在党的二十大报告中明确指出："人与自然是生命共同体，无止境地向自然索取甚至破坏自然必然遭到大自然的报复。"中国共产党人是坚定的马克思主义者，马克思主义理论坚持历史唯物史观，承认人是自然的一部分，将人与自然和谐共生纳入中国式现代化的理论和实践进程中既是要在人口众多的条件硬约束下给后人留下青山绿水，更是对人与自然关系的认识。现代化建设不能一蹴而就，回顾我国社会主义市场经济建设早期，我们也曾走过一条高耗能、高污染的粗放型发展路线，但随着生态问题日益突出，支撑中长期发展的资源可持续性矛盾日益凸显，我国开始探索一条集约式的发展道路。党的十八大以来，习近平总书记提出"绿水青山就是金山银山"的时代号召，"生态兴则民族兴"和"生态衰则文明衰"的历史认识和时代研判。要建设美丽中国，环境就是民生。把生态文明建设摆在了全局工作的突出位置，这是对马克思主义唯物史观的丰富，超越了西方现代化进程中以人类利益为中心的发展逻辑。

中国式现代化是全体人民共同富裕的现代化，是以公有制为基础的社会主义国家的使命担当。为全体人民谋幸福，是中国共产党百年伟大执政成就的原动力。自1921年，中国共产党成立以来，就心系人民，将中华民族的伟大复兴作为奋斗目标。在马克思主义理论的指导下，以毛泽东同志为核心的第一代领导集体和以邓小平同志为核心的第二代领导集体，都将实事求是，为全体人民谋幸福作为工作重心。贫穷不是社会主义，过大的贫富分化也不是社会主义。社会主义的本质是共同富裕，全体人民的共同富裕更是中国共产党人的事业追求和毕生所愿。党的十八大以来，在新的历史起点和历史高度上，习近平总书记提出在现行标准下"消除贫困"的时代主张，2021 年 11 月，党的十九届六中全会通过的《中共中央关于党的百年奋斗重大成就和历史经验的决议》中，习近平总书记强调，要坚定不移走全体人民共同富裕道路。这是社会主义的本质和优越性的集中体现，更是马克思主义中国化的新飞跃。

中国式现代化是物质文明和精神文明协调发展的现代化。在党的二十大报告中，习近平总书记指出："物质富足、精神富有是社会主义现代化的根本要求。"中国式现代化不是物质丰富、精神匮乏的现代化，更不是精神丰富、物质匮乏的现代化。邓小平同志在关于社会主义本质的大讨论中曾明确提出"贫穷不是社会主义"。要让人民在新的历史起点能够从新时期中国式现代化的历史进程中有获得感，要实现物质文明与精神文明的统一和极大丰富。习近平总书记在庆祝中国共产党成立 100 周年大会上中指出："我们坚持和发展中国特色社会主义，推动物质文明、政治文明、精神文明、社会文明、生态文明协调发展，创造了中国式现代化新道路，创造了人类文明新形态。"物质文明和精神文明协调发展已经成为新时期中国共产党领导下的发展共识，为新时期在中国共产党领导下团结奋进开启新征程指明了方向。

中国式现代化是中国特色社会主义市场经济体制下的现代化。现代化的本质是人的现代化，是人所主导的人类社会的现代化发展进程。归根结底，中国式现代化是社会主义的现代化，是中国共产党领导下的现代化，是反对虚假、反对形式主义，能够及时纠正阶层垄断利益获取的全体人民的现代化。中国共产党不断对市场经济发展过程中的弊端进行修正，党的十八大以来，反腐扫黑形成常态化机制，人民群众的安全感极大提升，市场主体公平竞争的环境加快形成，逐渐孕育了中国式创新的氛围和生态系统。国有企业进一步发挥了在举国创新体制和二次分配进程中的中流砥柱作用，以及市场经济稳定器的压舱石功能。国有企业创新发展，多种形式、多种所有制的市场主体竞相发展的新局面已经形成。反观，西方国家的现代化进程，无一不蕴含着掠夺，以美国为首的全球政治，以人权、公义、规则为借口，开展基于技术优势和制度话语权的对外掠夺，美国主动退出跨太平洋伙伴关系协定（Tran-Pacific Partnership Agreement，TPP），以色列不顾联合国的停战号召，在私利面前，西方政党群体一切以资产阶级利益至上，打着人权口号的反人类行为昭然若揭。西方的现代化是政治的现代化、阶层的现代化和少数人的现代化。中国式现代化以人类命运共同体为主张，以新发展理念为指导，是服务更大社群的、人与自然协调发展的现代化。中国式现代化就是以"创新、协调、绿色、开放、共享的新发展理念"为指导和统领的现代化，以"五位一体"为统筹的现代化实践。①

中国式现代化是和平发展的现代化。中国式现代化是对全球发展的中国贡献。在全球化迅猛发展的进程中，中国的发展离不开世界，世界的发展也不能脱离中国。中国式现代化的成功与否决定了全球四分之一人口的人群的安定团结。中国是世界和平的建设者，全球发展的贡献者和国际秩序的维护者。进入 21 世纪，中国经济的高速增长是全球经济增长的重要助推力量。按照现行标准，9 000 万贫困人口在短短十年间实现脱贫，是人类历史上的重要功勋。在取得这一举世瞩目的伟大成就的过程中，中国没有称霸，没有扩张，没有谋求建立自己的势力范围，是和平发展的表率。中国式现代化必将打破西方国家的"中国威胁论"和"历史终结论"，中国式现代化在中国共产党的领导下既没有威胁其他国家的合法权益，更没有走向历史终结。中国式现代化在新时期的新起点，具备了更强的生命力和发展的凝聚力。现代化不等于西方化，现代化逻辑不等于资本发展逻辑，现代文明更不等同于西方文明。一个国家发展的道路是否合适，只有这个国家的人民才最有发言权。中国式现代化必将走出一条和平发展、共同富裕，物质文明与精神文明协调发展，人与自然协调发展的特色发展道路。

中国式现代化已经成为新时期践行新发展理念的集中概括和系统诠释。对此，李培林指出，中国式现代化是罕见的巨大社会变迁，经济体制

---

① 徐坤.中国式现代化道路的科学内涵、基本特征与时代价值[J].求索，2022(1)：40-49.

变革和社会结构转型同时进行，跨越式发展与发展阶段的双重特征相互叠加。在民族记忆中，面向乡村与城市的协调发展，成果共享和共同富裕，绿色发展的硬约束与经济社会的发展韧性等一系列的现实发展抉择，中国式现代化将对社会转型产生连续谱式的结构改进，形成长期持续发展的深层动力。传统"政府与市场"的二元分析框架将演化为"政府、市场和社会"的三元分析框架，能够为凝聚社会共识提供实践支撑，为研究和构建服务新阶段的新发展社会学奠定了基础。① 从人类学的角度看，中国式现代化是对人的价值的现实关切和终极关怀，是对资本对人的异化、物化的根本超越。创新是对人的主体性的塑造，协调是对人的统一性的塑造，绿色是对人的自然性的塑造，开放是对人的联动性的塑造，共享是对人的公平性的塑造。② 中国式现代化是人的自由全面发展，是社会高质量发展的现代化。人的全面发展会对传统的市场主体的经营行为和运营模式带来深刻的影响，中国在现在和未来较长时间都会处于快速转型发展的"变动社会"阶段。社会文化变迁会进一步加剧，而这种社会高质量发展的现代化必然与社会治理的再转型相共生，是创造发展理念变革跃升的新征程，将通过新的社会互动创新社会治理，通过实践自觉促进社会化主体的全面发展，通过学科自觉推动人文社会科学研究的新进展，共同推动市场主体发展方式与理念转型，并引发整个社会发展知识谱系的新发展。③

三、社会企业融入中国式现代化的历史必然性

(一)社会企业的发展模式与中国式现代化发展理念高度契合

社会企业作为以市场竞争方式实现社会目标的混合型组织，在欧洲已经成为不可或缺的实践主体，通过其实践自觉，实现了与制度环境的互

---

① 李培林. 中国式现代化和新发展社会学[J]. 中国社会科学，2021(12)：4-21，199.
② 王虎学，凌伟强. 中国式现代化的人学向度[J]. 学术研究，2022(11)：13-20，2.
③ 李友梅. 中国现代化新征程与社会治理再转型[J]. 社会学研究，2021，36(2)：14-28，225-226.

构，欧盟在其已有创新体系基础上，构建了完整的社会企业外部支持生态系统。① 在国内，社会企业从概念引入到快速发展虽不足 20 年，但作为新型主体，一经提出就引起了多方关注，从合法性论战到创新模式研究，已经成为组织社会学和创新管理领域的研究热点②，并且其本土化实践也呈现出快于理论研究的态势，高速成长的本土社会企业正在与中国特有的外部制度环境形成着互构。③ 将社会企业根植于新发展阶段和新发展理念，既能够以制度形塑推动本土社会企业的规范化发展，更能够为社会企业提供通过融入经济体制改革，全面、系统、深入地推进社会体制改革的高质量发展路径，为创新社会治理提供更广泛的模式借鉴，为"政府、市场和社会"三元治理体系鼎足而立提供坚实支撑。

以新发展理念为指导，中国式现代化有五个维度。一是创新发展维度。创新是中国式现代化评价指标体系的首要维度，需要充分融入协调观、生态观、开放观与共享观，以实现创新发展。从这一角度出发，社会企业本身就是社会创新和社会创业的重要组成部分。社会企业是一种新兴的组织机构，本身就是一种组织创新，同时，大量研究关注了社会企业的创新能力问题。随着各类混合型组织发展的日益壮大，以及新常态相对低速经济增长的情景转化，越来越多的具有双重使命的混合型组织开始关注社会化问题，以派生的形式形成了新的社会企业。④ 这些社会企业面临的首要问题则从生存转变为发展。尤其是随着国有企业孵化社会企业新实践的持续涌现，与早期社会企业资源拼凑实现规模化发展⑤不同，一些新的

---

① 罗杰·斯皮尔，梁鹤. 论社会企业的外部支持生态系统[J]. 江海学刊，2018(3)：32-37.
② 毛基业，赵萌，等. 社会企业家精神——创造性地破解社会难题[M]. 北京：中国人民大学出版社，2020.
③ 刘志阳，许莉萍. 制度与社会创业：基于文献的整合框架[J]. 经济管理，2022，44(1)：192-208.
④ 肖红军，阳镇，商慧辰. 混合型组织生成的范式解构：创生式与转化式的多向演绎[J]. 上海财经大学学报，2022，24(1)：76-91.
⑤ 刘玉焕，尹珏林，彭洋. 社会企业如何通过社区资源拼凑实现低成本规模化发展？[J]. 研究与发展管理，2023，35(8)：126-138.

社会企业与制度和体制具有极强的嵌入性，国有企业派生的社会企业的实践是新时期国有企业改革的先进性实践，是对资源，甚至是体制的高度整合，而非为了生存对资源的有效拼凑。本身体现了全方位的创新和创新能力的塑造。

二是协调发展维度。统筹做好创新、绿色、开放与共享发展工作本身就是协调发展的实现形式。物质文明与精神文明相协调更是新时期高质量发展的内在要求。社会企业本身就是一种在制度张力极限拉扯下实现平衡发展的新型组织。社会企业作为一种制度不断完善情境下的具有双重功能特征的混合型组织，更面临着来自主要利益相关群体的张力拉扯，并对组织内部产生更深层的制度张力的拉扯。而这种制度张力从某种程度上也反映着具有功能混合特征的混合型组织发展动力的来源，即过于偏向任何一个单方面的功能都会导致组织的使命偏离，从而导致组织的衰亡，在两种功能约束的制度张力下所展现出的组织弹性和响应能力恰恰成了组织发展的重要动力。[①] 社会企业的这种平衡性的发展模式与中国式现代化的协调发展的内在要求高度契合。

三是绿色发展维度。绿色发展既是实现工业文明、信息文明向生态文明发展跨越的必由之路，也是摒弃西方发达国家"先发展、后治理"发展思路的必然选择。生态环境保护和经济社会发展是辩证统一的关系。[②] 社会企业本身脱胎于西方的公民社会体制，绿色发展和环境保护根植于社会企业的"骨血"。西方发达国家社会企业的众多成功实践中，有大量成功经验来自环境保护领域。从商业模式的可传递性上看，在中国也必然出现类似的主体实践。不论是西方社会，还是在中国，自社会企业从诞生之日起，就深植绿色发展和环境保护领域，与中国式现代化的绿色发展理念高度契合。

① DOHERTY B, HAUGH H, LYON F. Social enterprises as hybrid organizations: a review and research agenda[J]. International Journal of Management Reviews, 2014, 16(4): 417-436.

② 蒋永穆，李想，唐永. 中国式现代化评价指标体系的构建[J]. 改革，2022(12): 22-35.

四是开放发展维度。以开放发展为抓手突破创新、协调、绿色与共享发展的"卡脖子"问题，有助于以开放促改革、促创新、促发展，形成开放发展新优势。[①] 社会企业是典型的舶来模式，虽然目前社会企业在中国的本土化发展呈现出中国特色社会主义制度环境下的规范化发展特征，但仍然处于与制度互构的阶段。这种组织往往都需要开放的环境作为支撑，以开放的心态和价值来引领组织自身的创新和探索。社会企业这种开放的而非封闭的组织内涵，使得社会企业与中国式现代化的开放要求高度匹配。同时，社会企业本土化发展的中国实践，也能够进行更普适性的国际对话，这为以中国社会企业的本土化发展实践为案例，提炼中国式现代化下社会企业本土化发展的新观点、新认识和新理论提供了相对国际可对话的案例载体。为中国式现代化的开放式发展提供可进行国际对话的研究成果。

五是共享发展维度。共享发展理念作为新发展理念的归宿，深刻指明了创新发展、协调并进、绿色生态与开放包容的发展价值取向。共享维度包含社会物质财富的极大丰富与人民群众对精神生活的更高层次追求，亟须以城乡融合发展、区域协调发展、物质文明与精神文明同步发展扎实推进共同富裕。[②] 社会企业的发展模式和使命情怀本身就蕴含着丰富的共享内涵。社会企业家更具共享发展的思想追求，从社会企业创立伊始，就确立了立志社会使命的发展目标。这使得社会企业先天具有共享的特质，与中国式现代化的共享发展理念高度匹配。这也是社会企业能够更好融入中国式现代化的原动力。不论是创新发展、协调发展、绿色发展还是开放发展，在这些领域社会企业都践行着共享发展的理念，希望通过其商业化的运营能力，来破解经济与社会不平衡的共享发展难题，这也是中国式现代化的具体实践形式和根本体现。

社会企业与中国式现代化高度相似，都是以发展为先，坚守使命。在

---

① 蒋永穆，李想，唐永. 中国式现代化评价指标体系的构建[J]. 改革，2022(12)：22-35.
② 蒋永穆，李想，唐永. 中国式现代化评价指标体系的构建[J]. 改革，2022(12)：22-35.

持续的组织合法性争议下，社会企业的本土化发展出现了先于理论发展的特征。在社会认知度普遍偏低的情况下，中国社会企业很难获得体制内的资源支持和社会上的广泛认同。[①] 但这并未阻挡本土社会企业的实践探索，社会企业在乡村振兴、弱势群体帮扶、畅通各类主体的联系等多个领域形成了大量的创新发展成效。在养老、扶贫、少数民族文化发展、绿色农业、教育培训、残疾人就业、环境保护等多个服务领域发挥出重要作用。[②] 从发展领域上看，这些领域也跟中国式现代化的发展范畴高度重叠。随着成都、北京等地社会企业管理体制机制的确立，社会企业的本土化将进一步呈现出蓬勃发展的态势，社会企业不论是从细分领域、标杆成绩，还是从数量上看，都将成为中国式现代化的重要实践主体和强大推动力。社会企业将深度嵌入新时期中国式现代化的发展进程，呈现出发展模式与中国式现代化发展理念更紧密的契合度和内在联系。

（二）社会企业已经扎根在社区治理、乡村振兴等领域

2004 年 1 月，《中国社会工作研究（第二辑）》收录了由北京大学刘继同教授翻译的《社会企业》一文，该文是经济合作与发展组织起草的一个对社会企业进行系统介绍的研究报告。自此，社会企业的概念和发展理念开始在中国普及。社会企业的理论通过研讨会等形式开始在国内传播。一些民间组织开始关注社会企业实践，并开始探索性加深与国外社会企业的交流。2004 年 11 月，环球协力社在我国开展了一个为期 9 天的英国社会企业家访问项目。2004 年 11 月 9 日，环球协力社与 NPO 信息咨询中心在北京联合举办了"中英社会企业家/NPO 研讨会"。社会企业开始受到学界和实务界的关注，我国开始出现有意识自觉的社会企业主体，开始探索自身的社会企业本土化构建之路。2005 年，丁元竹和董炯等人在《中国经济导报》和《中国保险报》上发文，在介绍国外社会企业实践的基础上，开始探

---

① 梁鹤. 在有效性中获得合法性：制度环境下社会企业本土化发展的路径选择——一个典型案例的理论思考[J]. 中国非营利评论，2021，28(02)：233-247.

② 刘小霞. 我国社会企业的历史演进及制度性角色[J]. 中央民族大学学报（哲学社会科学版），2013，40(6)：53-60.

讨培育中国社会企业主体和发展中国社会企业的思路。2006 年，社会企业作为慈善事业的一种创新形式，开启了本土化实践进程。①

2006 年 10 月 16 日，中央编译局比较政治与经济研究中心联合英国文化协会和英国杨氏基金会在北京召开了"社会创新与建设创新型国家"国际研讨会，来自中国、英国、美国、澳大利亚、意大利、西班牙等 16 个国家和经合组织、欧盟等多个国际组织的 100 多位政府官员、社会活动人士和专家学者出席了研讨会。围绕社会创新的历史、概念、理论、脉络及实践，与会者们开展了为期两日的交流研讨，探讨内容还涉及了中英两国社会创新的案例比较、社会创新对经济社会发展的影响、未来十年优先发展的社会创业项目等专题，对中国及全球社会企业发展与社会创新积极建言献策。针对社会创业和社会企业培育的热门议题，一些发达地区开始探索社会企业的培育与孵化工作。2006 年，上海浦东非营利组织发展中心正式成立，为非营利组织提供支持服务，并提出要让更多人在公益事业领域创业，成为社会企业家的愿景。2007 年，社会企业本土化发展议题在国内重要党报《光明日报》上引发热议，2007 年 4 月 10 日—4 月 22 日之间，《光明日报》陆续刊载了介绍社会企业新模式的重要文章。②

2008 年 5 月，在汶川特大地震灾后重建工作中，凸显了社会组织的优越性，社会企业本土化发展进一步推进。2009 年 9 月，在大连召开的夏季达沃斯经济论坛上，专门开设了"社会创新的发现与突破"环节，社会企业开始更广泛地进入公众视野。2009 年一系列的社会企业本土化研究的著作陆续问世，2010 年中央编译局社会创新研究室开始发布"社会创新蓝皮书"。2012 年，党的十八大报告中明确指出"加强社会建设，必须加快推进社会体制改革"，标志着中国社会企业研究和本土化发展进入了一个新的发展时期。2013 年，在博鳌亚洲论坛年会上，发布了由北京大学公民社会研究中心、上海财经大学社会企业研究中心、21 世纪社会创新研究中心和

① 沙勇. 中国社会企业研究[M]. 北京：中央编译出版社，2013：109-112.
② 沙勇. 中国社会企业研究[M]. 北京：中央编译出版社，2013：112-113.

美国宾夕法尼亚大学社会政策与实践学院共同撰写的《中国社会企业与社会影响力投资发展报告》，该报告首次比较客观地反映了中国社会企业的发展现状，并呼吁政府和社会要更多地关注社会企业，为社会企业出台相关政策指引，为社会企业创造更好的生存环境，促进社会企业的本土化发展。[①]

2015年，中国社会企业本土化发展已经形成了初级规模，由深圳市中国慈展会发展中心、北京大学公民社会研究中心、中国人民大学尤努斯社会事业与微型金融研究中心、深圳国际公益学院、中国公益研究院和億方公益基金会6家权威机构共同组织了中国首次社会企业认证。具体认证工作由深圳市社创星社会企业发展促进中心负责执行。这开启了中国社会企业本土化发展的新起点，这一年也可以理解为中国社会企业本土化发展元年。

据统计，2015—2018年上半年，共对全国超过730家机构开展了官方认证，其中通过认证的社会企业有125家，遍布全国21个省、自治区、直辖市的39个城市，涉及环保、公益金融、养老、社区发展、农业、扶贫、弱势群体帮扶、妇女权益、教育、无障碍服务等14个社会领域。随着社会企业认证标准的完善，2018年下半年社会企业认证工作进一步普及，仅半年就收到社会企业申报621家，其中有109家通过社会企业认定。随着社会企业认定规模的持续扩大，认证也从早期的社企属性认定，发展到在社会企业属性认定基础上的分级认定。在2018年被认定的109家社会企业中，金牌社企有15家、好社企有38家，其中关注扶贫的社会企业占认定社企总数的40.3%，获得认定的社会企业覆盖弱势群体帮扶、青少年教育、无障碍服务和社区发展等14个社会领域。从认证结果来看，截至2018年，中国慈展会共认证社会企业234家。从自觉意识的角度看，在申报认证社会企业的统计基础上，估计2017年，中国具有自觉意识的社会企业约为1684家。这完全符合狭义限定的社会企业范畴。而相对于同期

---

① 沙勇．中国社会企业研究[M]．北京：中央编译出版社，2013：114-117．

日本有"自觉意识"的社会企业，仅有约 800～1 000 家。在狭义上，具有自觉意识的中国社会企业已经超过了同期的日本社会企业保有量。[①] 由中国社会企业与影响力投资论坛、南都公益基金共同发起，由北京师范大学社会发展与公共政策学院企业社会责任与社会企业研究中心、北京商道纵横信息科技有限责任公司、电子科技大学经济与管理学院慈善与社会企业研究中心、恩派公益组织发展中心、Impact Hub Shanghai、上海复恩社会组织法律研究与服务中心以及 SZC 山寨城市共同完成了大数据样本调研报告，并撰写了《中国社会企业与社会投资行为行业扫描调研报告 2019》。2018 年 6 月，成都市工商局出台《关于发挥工商行政管理职能培育社会企业发展的实施意见》，经认定的社会企业可以在企业名称中使用"社会企业"字样，虽然目前中国还未实行大范围的社会企业登记注册制度，尚缺乏官方的统计数据，但是随着社会企业登记的行政赋能，经认定的社会企业必将出现爆炸式增长。[②]

从注册的法律主体地位看，现阶段中国存量的社会企业中多数社会企业处于组织发展的初创期和转型期，在工商系统以企业法律属性注册的社会企业占比 59.5%，在民政系统以社会组织法律属性注册的非营利性组织占比 32.4%，有 5.1% 的组织进行了同时注册。社会企业主要收入有 91.6% 来源于市场经营活动，84.5% 的社会企业将 2017 年的年度利润用于再投资而未进行分红，61% 的社会企业明确规定禁止或限制利润分配。[③]从年度收入总额、资产总额、融资总额等指标来看，多数社会企业属于中小型组织。收入总额中位数在 101 万～1 000 万元之间，其中处于这一收入区间的社会企业占比 41.6%；其次是收入总额在 11 万～100 万之间的小型社会企业，占比约 37.5%。2017 年度能够实现收支平衡的社会企业

① 中国慈展会社会企业认证手册（2018）报告，[EB/OL]. http：// mzzt. mca. gov. cn/article/zt_zhcsr2018/6czh/mtbd/201809/20180900011488. shtml.

② 中国社会企业与社会投资行为行业扫描调研报告 2019（简版）[EB/OL]. https：// max. book118. com/html/2019/0830/7160164046002052. shtm.

③ 中国社会企业与社会投资行为行业扫描调研报告 2019（简版）[EB/OL]. https：// max. book118. com/html/2019/0830/7160164046002052. shtm.

约占比37.2％，仅有20.5％的社会企业能够实现盈余。其中，具有自觉意识的社会企业平均收入总额为552.54万元。①

改革开放以来，伴随着中国快速的城市化和工业化步伐，社会问题和环境问题日益突出，应对具体问题和市场失灵的特殊节点，使社会企业获得了市场与公益结合的生存与发展空间。据统计，中国社会企业的行业主要分布在教育（21％）、社区发展（13.4％）、就业与技能培训（12.3％）、环境与能源（9.8％）、公益与社会企业支持（9.3％）等领域。在传统的扶贫领域，我国社会企业占比仅为5.7％，仅次于艺术文化体育类的4.6％的占比水平。并且，与欧洲社会企业社会影响力融资不同，绝大多数的中国社会企业的原始资本来源于社会企业家个人，中国社会企业创立后获得融资的概率非常低。仅有34.8％的社会企业申请并成功获得过融资，超过55％的社会企业的融资额低于100万元。具有自觉意识的社会企业中有49.9％具有明确的"为实现某种公共利益和社区利益"的社会使命，9.4％的社企使命是"支持母体组织实现其社会价值"。总体而言，具有自觉意识的社会企业绝大多数均有明确的社会使命。②

综合来看，中国社会企业的本土化发展已经初步实现了从理论悟道到实践的自觉式发展，中国社会企业已经陆续在养老、扶贫、少数民族文化发展、绿色农业、教育培训、残疾人就业、环境保护等多个服务领域发挥出重要作用③，中国的社会企业的本土化发展已经进入理论与实践互相促进的实践探索期，预计随着实践探索的不断完善，中国社会企业的本土化发展将会进入良性的成熟发展期，成为助推中国经济社会发展的又一支重要力量，成为弥补公共服务不足和解决社会疑难杂症的有效途径。社会企业"以商业践行社会性组织使命"这一发展模式并没有因为其社会性与市场

---

① 中国社会企业与社会投资行为行业扫描调研报告2019（简版）[EB/OL]. https：// max. book118. com/html/2019/0830/7160164046002052. shtm.

② 中国社会企业与社会投资行为行业扫描调研报告2019（简版）[EB/OL]. https：// max. book118. com/html/2019/0830/7160164046002052. shtm.

③ 刘小霞. 我国社会企业的历史演进及制度性角色[J]. 中央民族大学学报（哲学社会科学版），2013，40（06）：53-60.

性的内在张力而陷入发展困境，对于社会转型期的中国而言，这恰恰有助于改善中国社会转型期市场与社会发展不均衡、不匹配的现实问题。社会企业"以商业践行社会性组织使命"的发展模式能够促进市场与社会的均衡发展，这是中国社会治理转型及中国式现代化的具体体现和重要路径。这本身就是中国特色社会主义制度环境下，社会企业合法性的重要意涵。对于这种新的社会事实及其对现有制度环境所形成的冲击，有必要从理论的高度去思考中国社会企业本土化发展的制度逻辑。

第二章　社会企业融入中国式
现代化的路径研究

一、社会企业参与乡村振兴的路径研究：基于沃土工坊实践自觉的单案例纵向分析

（一）案例情况说明

本书选取沃土工坊作为研究案例。沃土工坊的前身是一个致力于乡村教育和社区支持农业方面的社会创新的非营利性组织，在继承原有使命的基础上，由两位继任者按照社会企业的形态，自觉地创立了现在的沃土工坊。沃土工坊是典型的先有社会使命，后有意识的采取市场化运行的社会企业。就像创始人郝冠辉所说的："我们一开始就是想做社会企业。"沃土工坊鼓励小农以传统的、生态的方式进行农产品的生产、加工，旨在通过连接有机农产品消费群体和农户，实现生态农业的良性发展。通过消费者的力量，改善农民生活。经过多年的探索，沃土工坊尝试以商业激活公益，逐渐成长壮大。2013年，广州民政局、财政局共同出台了《广州市社会组织公益创投项目管理办法》，沃土工坊即成了华南地区首批被认可的社会企业。一定的历史时期决定了沃土工坊在组织初创阶段，作为有明确社会使命和自觉意识的本土社会企业，必然面临着组织合法性的制度性缺失。沃土工坊必然要解决合法性获取这一重大现实问题。沃土工坊就是在这种制度环境下，完成了"自觉意识—创业与使命搭建—稳健性发展"的社

会创业过程。

综合来看，沃土工坊来源于志愿者组织，在创立之初就有鲜明的组织使命和发展主张，并自觉地以社会企业的形态进行组织建设，以社会企业的身份对外宣传和工作。沃土工坊在践行社会功能主张的过程中，也实现了较好的商业发展，获得了较高的商业价值。作为典型的以商业手段践行社会功能的社会企业，沃土工坊的生存实践具有较高的借鉴意义和研究价值。

在明确了研究对象后，笔者进行了充分的数据和资料收集。本案例的资料收集方法主要包括半结构化的正式座谈、非正式访谈、现场考察，第二手资料（含网站、正式宣传材料、公众号、微信交流等补充材料）、后期核实性资料核对与多方调查式访谈，通过多样化的数据来源和第一、第二手数据的相互补充、交叉验证，有效保障案例的信度与效度。[①] 在案例资料及调研信息收集、分类和校验的基础上，采用案例分析常用的编码规则[②]，对案例资料进行编码。第一手资料采用大写编码，按沃土工坊 A、同业社企 B 进行分类；第二手资料采用小写编码，按沃土工坊 a、同业社企 b 进行分类；通过半结构化访谈获得的第一手资料在字母后标注 1，通过现场考察和非正式访谈获得的第一手资料在字母后标注 2；第二手资料中网络获取的资料标注 1，调研中直接获取的宣传材料、内部文件及 PPT 等标注 2（表 2-1）。

表 2-1　编码来源分类

数据来源	数据分类	编码	
		社企	同业
第一手资料	半结构化访谈获得的资料	A1	B1
	现场考察和非正式访谈获得的资料	A2	B2
第二手资料	网络获取的资料	a1	b1
	调研直接获取的宣传材料、内部文件及 PPT 等资料	a2	b2

---

① YIN R K. Case study research: design and methods[M]. CA: Sage Publications Inc, 2008.
② 谢康，刘意，肖敬华，等. 政府支持型自组织构建——基于深圳食品安全社会共治的案例研究[J]. 管理世界，2017(8).

其中，访谈资料主要来源如表2-2所示。

表2-2　半结构访谈情况

序号	访谈对象	身份(学历)	性别	访谈次数	访谈时长/min	有效字数
1	郝先生	创始人兼权威型管理者	男	3	270	18 036
2	谭先生	创始人兼财务负责人	男	2	140	12 004
3	许姐	门店经理(大专)	女	1	25	1 890
4	红姐	初代来员工(初中)	女	1	40	4 785
5	方先生	新入职员工(研究生)	男	1	30	5 089
6	张女士	中生代员工(本科)	女	1	78	8 458
7	彭女士	股东/可持续发展中心负责人	女	2	55	10 067
8	大姐 A	同业竞争者	女	1	47	3 456
9	郑先生	海南农户	男	1	15	1 810
10	石女士	阿拉善农户	女	1	30	3 766
11	李先生	山东农户	男	1	34	4 057
12	郑先生	陕西农户	男	1	28	3 700
13	郭先生	广东农户	男	1	56	5 422
14	梁女士	消费者	女	2	28	3 450
15	张女士	消费者	女	1	14	2 018
16	周女士	消费者	女	1	18	1 913

注：以上为本书涉及的主要受访者，语音的有效文字转化率相对较低的主要原因是受口音和电话访谈表述口语化等影响。

其中，第二手资料数据来源如表2-3所示。

表 2-3　二手数据来源

数据类别	数据来源
第二手资料	官方微博、公众号等发布的资料
	组织年报等内部资料

总体而言，与传统的管理学研究的复杂编码和逻辑提取不同，此类研究通常对案例的典型性预先有充分的认识，根据对主要概念及其内在逻辑的预判进行高效率的调研、访谈、编码和提取；而本案例编码目的主要是为了社会学田野调研的简单记录和校验，在调研过程中，笔者对社会企业本土化发展模式的认识非常模糊，是在调研过多个社会企业后，才将沃土工坊作为典型案例开展研究。对沃土工坊，笔者经历了长达两个月的实习式调研和近 3 年的跟踪调研，创始人兼权威性领导者都已经开始探索新的社会创业项目，一些访谈甚至是在中山市偏远的旗溪农场完成的，在对调研资料进行整理的过程中，带着了解情况和学习的目的，所以关于概念提炼全部由笔者个人完成。并且，需要特殊说明：针对社会企业本土化发展模式的问题，不只是笔者，在 2018 年的北京论坛和北京大学主办的社会企业家培训的业界交流过程中，业界也一致认为社会企业本土化发展模式还处于探索阶段，学界没有这方面的课程，也鲜少有相关的理论研究。甚至学界，仍有声音质疑社会企业存在的合理性与合法性。

(二)文献回顾

20 世纪 70 年代末，欧美国家出现巨额财政赤字，社会矛盾激增，社会企业作为缓解"政府失灵""市场失灵"和"志愿失灵"的实践主体应运而生，并凭借其在改进公共服务、解决社会问题、促进均衡发展、增强社会凝聚力等方面的独特优势迅速壮大。[①] 社会企业的双重属性蕴含的内在制度张力与生俱来[②]，自社会企业走上历史舞台伊始，就带有市场和社会的

---

① 罗杰·斯皮尔，梁鹤. 论社会企业的外部支持生态系统[J]. 江海学刊，2018(3)：32-37.

② 田蓉. 超越与共享：社会企业研究新进展及未来展望[J]. 南京社会科学，2016(12)：53-58，64.

双重功能，成了第三次分配的重要实践主体。从混合型组织的角度看，社会企业存在先天的合法性困境。[①] 在大量的静态和比较静态的探讨中，社会企业通过发展实现了实践突围[②]，社会企业通过创新发展实现了对合法性困境的破局，同时，学科视角边界的突破也实现了社会企业本土化研究的理论破局。[③] 社会企业通过管理学层面的能力建设来获取合法性，从而突破新创组织的"资源陷阱"成了社会企业发展独特优势。[④] 在中国，社会企业还是一个相对新生的事物，作为新生事物，合法性能够帮助社会企业提高社会地位，得到社会承认，从而促进组织间的资源交往。[⑤] 这使得在宏观制度下模糊的合法性认知难以形成具象化的合法性约束，来规范并保障组织的生存发展。社会企业的本土化发展走出了一条实践倒逼理论认识的特色发展之路，但由于在法律、政治、社会认同等层面的组织合法性的相对缺失，社会企业难以通过被制度形塑实现规范化发展，导致社会企业的本土化发展呈现出"量多而质不优"的境况。

在合法性极其模糊的情况下，社会企业的生存困难问题可想而知。任何一个组织都不可能绝对没有合法性，对于同时追求社会效益和商业效益的社会企业，必须要通过获取合法性来克服组织在制度环境中的"新进入缺陷"，通过必要的内外部认同来实现必要的资源获取。[⑥] 尤其在社会企业形成初期，为了适应环境制定规制，通过采取与主要利益相关群体相关的策略来获得认同，从而获得合法性和竞争优势，使其能够在环境中生存下

---

① 历杰，吕辰，于晓宇. 社会创业合法性形成机制研究述评[J]. 研究与发展管理，2018，30(2)：148-158.

② 朱健刚，严国威. 社会企业的内部治理与社会目标达成——基于C公司的个案研究[J]. 理论探讨，2020(2)：177-184.

③ 时立荣，王安岩. 社会企业与社会治理创新[J]. 理论探讨，2016(3)：141-144.

④ 刘志阳，邱振宇. 社会企业分类研究：一个基于价值驱动的新框架[J]. 珞珈管理评论，2021(1)：1-16.

⑤ 刘小霞. 社会企业：合法性困境及出路[J]. 学习与实践，2012(10)：95-103.

⑥ 刘玉焕，尹珏林，李丹. 社会企业多元制度逻辑冲突的探索性分析[J]. 研究与发展管理，2020，32(3)：13-24.

来。① 但这些针对主要利益相关群体认同为社会企业提供资源支撑的相关研究，其管理学色彩过浓，并未对这一生存模式下组织合法性的内涵进行普遍意义的探讨。综合来看，传统的组织合法性的研究主要认为组织的合法性来自制度环境的综合赋能，在对中国社会组织合法性来源的经典分析认为，中国社会组织具有普遍的自上而下的合法性诉求以及在现实情境下必要的自下而上的合法性获取行动。② 在组织自下而上的合法性获取行动的逻辑下，有研究者试图将关于政党通过发挥行动和实践的有效性来证明并累积其合法性的理论分析③，以及对政治组织通过功能有效生成并累积了组织行为层面的合法性的相关研究④，拓展到组织社会学分析领域，为社会企业这种新兴组织的合法性获取路径提供具有普遍意义的理论解释。

(三)路径分析

1. 组织生存实践的合法性获取

(1)基于技术支持和稳定代销的农户动员

作为兼具双重价值和双重使命的社会企业，沃土工坊早期一方面帮助农户销售产品、解决后顾之忧；另一方面为其提供预付款、技术指导、灾害救援等多重社会性关怀。组织通过经济功能和社会功能的双重有效性，成功推广了有机种植方式，并得到了一大批农户的深度认可和追随，为沃土工坊的长远发展积累了重要的合法性要素。

首先，为了彰显组织经济职能的有效性，首要的就是搜索农户并帮助其解决销售问题。2008 年，沃土工坊正式开始作为有机农产品销售平台来帮助农民售卖有机农产品，组织坚持以合理的价格支持从事有机耕作的小农户，并组织大家做生态农产品的团购，定期组织消费者购买农户的生态

---

　　① 焦豪，孙川，彭思敏. 基于合法性理论的社会企业利益相关者治理机制研究——以宜信集团为例[J]. 管理案例研究与评论，2012(5)：333-343.

　　② 高丙中. 社会团体的合法性问题[J]. 中国社会科学，2000(2)：100-109，207.

　　③ 林尚立. 在有效性中累积合法性：中国政治发展的路径选择[J]. 复旦学报(社会科学版)，2009(2)：46-54.

　　④ 蔡禾. 国家治理的有效性与合法性——对周雪光、冯仕政二文的再思考[J]. 开放时代，2012(2)：135-143.

产品，以解决双方的需求。早期沃土工坊投入了大量的农户搜索成本，并为此投入了大量精力，在生态农业有机生产农户搜索过程中更进一步发掘有机农业生产的理念价值和物质价值。郝先生以免费技术推广的形式为搜集到的农户提供了有机农产品销售的沉淀成本，与农户建立了基于价值认同的朋友关系，并通过为这些农户提供产品销售渠道搭建了紧密联系，通过经济功能的有效性证明了有机种植的价值和前景，获取了农户对双方合作模式及相关组织行为的认同。根据视频资料、原始笔记可知，从 2009 年 6 月探访"秋哥"的有机蔗糖农场，到 2010 年 12 月考察的金橘生产农户"五伯"、2011 年耕种有机蔬菜的"李娘"，沃土工坊的有机农产品销售平台已经成为农户有机食品直接与城市主要消费群相连接的关键纽带。

其次，在与农户接触的过程中，沃土工坊在社会职能层面同样彰显了其区别于其他商业企业的巨大价值。具体来看，一方面，沃土工坊考虑到种植方式的改变对农户而言是一个很大的挑战，其中涉及选品、技术、资金周转等多方面的困难，主动为小农提供预付款、技术指导等社会性服务；另一方面，有机种植受天气及病虫害影响巨大，稍有不慎可能造成巨大损失，刚刚更改种植方式的小农很难应对突发状况，沃土工坊便为其发动员工、消费者及社会人士进行捐款，共同抵御灾害，坚持有机种植事业。

沃土工坊驻外产品经理张女士表示："早期沃土工坊会为小农提供预付款，帮助小农启动播种等耕作所需的前期工作，从很久以前就有了这个模式，一直延续至今。"（A1）

陕西咸阳的合作农户郑先生的回答也验证了这一观点："沃土给予了我们非常大的帮助，比如堆肥和品种改良，有机耕作是非常难的事，我以前种大白菜，根本卖不出去，现在种西红柿和黄桃，西红柿用了 3 年才种成，黄桃用了 5 年才种成，现在很多产品都是在沃土工坊进行销售，当时沃土给过我们很多技术指导。沃土农业可持续发展中心后来还在我们这建立了田间学校，不只是帮助我们，还帮助了很多跟他们没有关系的农友。

如果我们通过沃土工坊销售，沃土会问我们是否需要预付款，这几年我们的资金没有那么紧张了，就没再要过预付款。但是他们还是会每年都问我们是否需要预付款。"（A1）

同时，在遭遇突发天气的影响、农户士气受到严重打击时，沃土工坊发动的消费者捐款为农户带来了极大的温暖和鼓励，这也是农户对沃土工坊产生深度信赖和认可的重要原因。

例如：2009年5月23日，广州突然连降强暴雨，'沃土生鲜'的生态蔬菜基地——银林生态农场和纷享田乐农场，遭受了有史以来最严重的一次暴雨袭击，农场的蔬菜几乎全部被水浸泡。沃土通过宣传，募集消费者捐款1 800元，按照1∶1的捐款配比从沃土专门的农户基金中捐出1 800元，捐款共计3 600元。（a1）

综上，与农户间的强联系对沃土工坊作为社会企业获取合法性和必要的社会认同产生了重要的作用，并且通过功能有效来获取行为合法性这一模式得到了持续的优化。沃土工坊会在有机耕作推广的基础上，为农友们提供必要的技术支持，在农友们达到沃土工坊的销售要求后，如果继续合作，沃土工坊还会为小农提供预付款，来解决有机耕作前期的资金保障问题，并通过为返乡青年提供生态耕种的销售保障，来获取更大范围的组织认同和有机农业推广与有机农产品耕作的价值认同。

（2）基于产品品质和消费体验的消费者吸引

2006年，广西横县有机稻米种植规模的迅速提升成了沃土工坊组织消费者团购及其开拓市场成功的初次试验。广西横县有的机稻米在技术推广、理念培育、勤劳耕作以及天气条件等众多积极因素的支撑下，实现了超出预想的大丰收，但由于本地消费有限，大量的有机稻米待售，沃土工坊开始试图组织广州本地消费者去订购广西横县农夫的有机稻米。在这个重要的时间节点，沃土工坊当时其实并没有可靠的销售渠道，在模糊身份下其合法性存在非常大的问题，导致沃土工坊当时的代销面临着非常多的困难。沃土工坊不能以企业的身份进行代销，就只能以最初志愿者组织的方式去参与以民间团体为主的推广集市并到处推销广西横县的有机稻米。在调研中，广州大量的社区支持农业类社会企业都被困于这一阶段，其既无法通过企业化的方式在市场化制度的环境约束下进行代销和分销，又受制于民间团体市集的影响力，当面对突如其来的销售困境时，它们无法实现经济功能的有效性。

调研中沃土工坊的联合创始人兼大股东谭先生表示："从2006—2008年，也参与过几次政府组织的销售活动，但没有什么成效。"

沃土工坊在这一时期的资源拼凑行动被表现得淋漓尽致，仅仅是由于有同事曾从事幼儿教育工作，销售人员便从华德福幼儿园着手。开展推销的方式也非常特别，就是去幼儿园做饭，让孩子，尤其是孩子家长体验到有机农产品确实好吃，自此，沃土工坊获得了第一批稳定的消费者，但这是非常偶然的。直至2008年8月，为推广沃土工坊代销的有机农产品，打通了社区支持农业模式最后的一个重要环节，沃土工坊的创始人和早期员工依然会优先深入华德福幼儿园，使用农户滞销的有机稻米、蔬菜为大家做饭，孩子和国际教师吃过以后纷纷表示真的很好吃，有米香有菜味，销路由此打开，该幼儿园的师生成了沃土工坊初创期稳定的消费群体。

"第一次用幼儿园的厨房做饭，也第一次正式地给三十个人做饭，我和B哥都很紧张，由于把握不住用的菜量，先是买多了菜，每样只用掉了一半，剩下的堆了慢慢一冰箱。用电饭锅煮饭时又放多了米，所以下面的一半熟了，上面还是生米。从九点半忙活到十二点半，终于把饭准备出来了。还好大家的反映都不错，很多人专门跑过来告诉我们饭菜很好吃，真是备受鼓舞。其间也收到了很多以前买过我们东西的消费者的反馈信息，当然也有很多的人在问可不可以带东西过来卖给大家，我说：'今天我们卖沃土工坊，明天才开始卖产品……'"(a1)

在食品行业，进行价格较高的有机农产品的销售，最重要的就是获得消费者的信任，这就需要通过优质的消费体验，让消费者感受到消费的获得感。从产品、服务，甚至是沃土工坊的品牌等多层面获得消费者的认可。为此，沃土工坊深入消费者群体的生活和圈子，开启了"打感情牌"的营销之路，通过为华德福幼儿园的师生做饭，沃土工坊先是用产品品质打动了消费者，继而与消费者产生情感联系和价值共识，最终成功将最早的这批客户发展成为沃土工坊最忠实的"粉丝"。实际上沃土工坊的生存逻辑就是加深消费者对于沃土工坊的认同甚至是对有机农产品消费的路径依赖。

（3）基于幸福文化和健康生活方式的组织建设

沃土工坊早期虽然工资较低，甚至不能按时发放，但组织自身独有的使命和理念对员工形成了巨大的吸引力，这是沃土工坊的功能有效性在组织治理方面的核心体现。沃土工坊从事有机事业，致力于改变现代人的饮食结构和生活方式，减少浮躁和侵略性、增加健康和温暖，员工便是沃土工坊的第一个服务对象。为此，权威型管理者郝先生非常注重向员工传导健康有机的生活理念，为员工带来了从工作到生活全方位的改善，甚至是人生观、价值观的提升；同时，在内部的工作安排、制度设计和组织文化营造上，沃土工坊高度重视个体的价值和体验，以及来自管理层的人文关怀，竭力为员工营造有家庭般和谐的幸福企业。

具体来看，沃土工坊采用了员工自我管理的治理模式，上班下班从不打卡，组织成员能够通过自我管理找到幸福感。通过员工持股成为组织的一分子，实现了员工与组织的荣辱与共。并通过沃土大学、晨读、静思等活动，将幸福文化的价值理念传递给每个参与者，塑造了组织"共同奋斗、共同价值"的员工认同。与此同时，沃土工坊倡导健康饮食、有机生活的组织理念，不断帮助员工调整心态，从而更好地经营了自己的工作和生活，这是员工对组织产生深度认同和归属感的另一大根源。

驻外经理张女士也曾表示："我比较看重沃土的其实就是这个文化……我们一些单身的、家不在本地的同事，在公司附近的江南村租了一个公寓，是一栋楼的三层，同事们合租，房租就会便宜点，还可以一起做饭，一起吃饭。我当时在沃土感受到的这些，都是家庭中缺失的。"

　　总体来看，从沃土工坊青涩的组织倡议，到崇尚员工自我管理的制度设计，再到员工对于幸福文化的青睐，再到一份工作对每个员工人生态度和生活方式产生的巨大影响，沃土工坊组织治理对员工生活影响的有效性都很显著。沃土工坊在组织治理层面充分实现了功能的有效性，构建了中国社会企业典型的"组织文化认同＋领导者理念认同"的内部合法性认同机制。

　　2. 组织合法性获取的路径分析

　　虽然沃土工坊只是一个个案，但这一个案能够反映出中国社会企业本土化发展过程中，在法律、行政等合法性规范的缺失下，通过获取社会认同来获取社会合法性的过程，具有典型性。针对中国社会组织合法性来源的研究中，组织在普遍缺乏来自法律、政治和行政合法性的情况下，组织高度依赖来自社会文化层面的社会认同，这种来自社会认同层面的社会合法性是中国很多社会组织合法性的主要来源。从社会认同看组织合法性的获取，大量传统研究关注来自客户、员工、商业伙伴、媒体、供应商、政府等多方面的角色认同。作为致力于社区支持农业的社会企业，沃土工坊在初创期主要面对着来自农户、消费者和员工的组织认同问题。这是因为在初创期，任何一个组织最关心的都应该是与其生存最直接相关的群体，对于初创期的沃土工坊而言，那就是生态农产品的耕作农户、生态农产品的消费客户和完成中间连接工作的员工们。

　　在社会公众对社会企业几近一无所知的情况下，农户、消费者和组织的员工也不会对社会企业有更多的了解。针对沃土工坊早期的农户调研显示，农户根本不知道社会企业是什么，他们对沃土工坊的期待仅仅就是能够帮助他们把货物卖出去。

　　沃土工坊初创期开发的一位广东农友郭先生就明确表示："我现在（2020 年）已经有了一些不同的销售渠道，但我最初之所以从事有机耕作，就是因为郝老师说他要做生鲜配送，能把我有机耕作的蔬菜卖出去，我没有后顾之忧了，所以才开始有机耕作。我们相识是因为当时我们养的猪产出了很多猪油，郝老师他们正在尝试用猪油做肥皂，后来我们从很少的有机耕作开始尝试，到现在已经大多是有机耕作了。有机耕作面临的问题很多，可以说开展得是很不顺利的，因为有机种植跟常规种植有很大的不同。我们刚开始做的时候都有一个替代思维，就是用有机肥，比如我们去买一些鸡粪，或者用我们农场的猪粪来做主要肥料，然后买一些生物农药来去防治病虫害。但实际上我们当时这样做的时候，农作物病虫害是很严重的，最终还是没有收获，很难去把它种好，比我原来预想的要难很多。技术上出现的土壤改良、除草剂、堆肥、极端天气、防病虫害等各式各样的问题，也都是郝老师帮着解决的。尤其是 2014 年有一个青年交流会，有一个专门的土壤改良课，让我受益颇多。对于销售，沃土的生鲜配送停过一段时间，交给了 FC 配送，但体验特别不好，很不成功，我们就是从那个时候开始经营自己的微店，现在也有了一些老客户。后来我们很多农户都要求重启生鲜配送，沃土又重启了生鲜配送，我现在有二分之一到三分之二的产品还是通过沃土工坊的生鲜配送销售，沃土工坊主要是给我们有机耕种者营造了一个较好的小圈子，这个氛围特别重要，也是沃土工坊现在还吸引我的地方。"（A1）

老员工红姐表示："我是比较早就来沃土工坊工作的，当时就是兼职，因为我家就住在这个城中村里，晚上卖啤酒，白天来这帮着清理和打包蔬菜。最初肯定就是想多赚点钱，当时的工友很多都离开了，因为找到了工作，而我晚上卖啤酒，白天没有工作，所以有空来干点零活。后来沃土这里的工作（工资）也不错，而且也不会像卖啤酒一样，在这儿工作能够被尊重，所以我就在这里全职工作了。主要是沃土工坊发展好了，我们的生活也就好了。沃土工坊的文化也很好，让我体会到了被尊重的感觉，感到有奔头了。后来通过晨读等学习活动，也意识到我们的工作是十分有意义的，起码生活是健康的，现在我有个好身体。如果我还是天天晚上去卖啤酒，身体肯定不会这么好。"（A1）

在初创期，消费者其实对于沃土工坊并没有什么期待，沃土工坊在初创期主要是帮助农户销售有机农产品，主动去找寻消费者。消费者对于沃土工坊的期待，或称之为感受，多是来自各类工作坊的消费体验。消费者们慢慢感受到了沃土工坊是一个有社会使命和情怀的组织。

几个早期的消费者都曾明确表示，一直在沃土工坊购买食材，尤其是在沃土生鲜能够配送以后，沃土工坊已经成了家里孩子食材的主要选购途径；一方面原因是很方便，尤其是在新冠肺炎疫情发生之后，沃土工坊配售的有机农产品都是本地产品，配送及时，相对在综合超市购物内心感觉更安全，甚至会提前一天订购全家两三天的食材；另一方面原因则是她们曾参与过沃土工坊组织的活动，她们了解沃土工坊的公益属性，也非常认同沃土工坊"服务城市人吃到最新鲜的有机食材"的价值理念，虽然只有极少的人参与过捐款，但她们在带着孩子走访农户的过程中，能够感受到农户与沃土工坊之间的那种亲密的情感，以及她们购买沃土工坊产品所带有的公益性质。（A1）

综合来看，农户、员工和消费者这三个主要相关群体是沃土工坊生存的基础，是沃土工坊社会资本的最基本形态，沃土工坊要实现生存发展，必须要获得这三个主要相关群体的认同。这实际上就是高丙中（2000）[①]在其经典分析中提出的来自社会认同的社会合法性。这实际上就是中国大多数社会组织合法性的来源。对沃土工坊而言，这三个主要相关群体对组织的期待是经济功能目标性较强但社会功能目标性相对模糊的。在当时的环境下，沃土工坊只能通过微观组织行动实现与农户、消费者和员工三个主要关系群体的联系，并在这一局部的关系网络下获得组织认同、构建组织合法性并获取其赖以生存的社会认同。就是在这一综合的制度环境下，宏观制度因素和中观场域制度因素共同为沃土工坊微观组织行动塑造了自下而上的制度动因，这也是沃土工坊选择优先通过微观的组织行动在中观场域内的主要关系群体中获取社会认同，并生成组织合法性的根本动因。

从某种程度上看，这不是组织主动选择的结果，自下而上生成组织合

[①] 高丙中. 社会团体的合法性问题[J]. 中国社会科学，2000(2)：100－109.

法性是其当时唯一的可行路径，理论上可能有无数选择，甚至自下而上生成组织合法性是最差的选择，但在现实的生存实践过程中，这是一个必选项而且很可能是唯一正确的选项，后来的实践也证明了专注于组织行动要比专注于宣传口号、参加同类活动和获取政府认同更符合初创组织生存实践的实际需要。沃土工坊实际上就是通过自下而上的组织活动的经济功能的有效性彰显了其兼具社会使命的组织发展模式的优越性。实际上，农户、消费者和员工们所关注的沃土工坊在其功能有效性基础上，兼具的社会功能及其组织使命，就是社会企业的内核。只是这种内核通过了经济功能的有效性实现了关系动员，并获得了社会认同，从而奠定了沃土工坊生存发展的合法性基础。

从典型个案看制度下的社会企业，社会企业在中国作为新生事物，其身份的模糊和外部制度支持的缺位使得其很难通过法律和行政法规等规范下的标准化运营直接获得广泛的社会认可，社会企业只能采取灵活实用的行动方式和开展大量的非常规活动来着力彰显组织的功能有效性和形式优越性，从而快速得到利益相关主体的接纳，获取成长机会，并在不断的"事实积累"中取得内外部主体的深度信赖和认同，这就是社会企业在创业过程中组织合法性的建构逻辑。这实际上就是一种通过组织行动自下而上的合法性获取路径。在这一过程中，组织行动实现了对制度环境的影响和改造，虽然这种影响带有鲜明的局部性特征，但是局部的制度环境及其有效的社会企业合法性逻辑已经能够为沃土工坊的生存实践提供必要的制度保障。这对于沃土工坊初创阶段能够取得生存发展的成功至关重要，即在功能有效性累积组织行为合法性的过程中，主要利益相关群体不仅认同了沃土工坊作为社会企业以商业践行社会使命的合法性地位，更进一步共同营造了沃土工坊作为社会企业所必需的制度环境。

相对绝大多数还在生存困境中的社会企业而言，虽然有些社会企业认识到了合法性对于资源获取的重要性和关键基础作用，但它们大多采用了自上而下的理念宣传。通过参加业内活动、政府组织的论坛和媒体访问等形式自上而下地宣传社会企业的形态优势，虽然符合理论认知，但并不符合生存实践的具体情况。沃土工坊生存实践的成功是因为它在意志极其坚定的情况下，探索了一条自下而上的合法性构建路径。这也是沃土工坊能够在中国特色社会主义制度环境下获得成功的重要经验。

3. 组织发展阶段的合法性策略

（1）组织功能的结构分化与形式化

综合来看，2012 年以前，在初创阶段，沃土工坊的社会企业形态作为一种新生事物，只能以业务开展为导向，通过在局部关系网络内获得必要的社会认同，来站稳脚跟。而在利益相关群体连"社会企业是什么"都不清楚的情况下，组织很难通过常规化运营直接获得认可。为此，组织不惜付出大量的时间、精力和经济成本，通过与利益相关群体建立情感连接、开展公益活动、提供附加服务等灵活实用的行动方式，彰显自身的功能有效性，获得来自市场端、社会端和组织内部对其行为的认同，从而确定并宣传了其"以商业激活公益"的组织理念，进一步获得社会认同。这一阶段，沃土工坊通过累积组织行为合法性，获取了支撑其早期发展的组织合法性。

然而，进入 2012 年以后，随着沃土工坊的发展，沃土工坊早期搭建的关系网络中很多有助于满足沃土工坊合法性诉求的积极因素在向消极因素转变。主要关系群体的新诉求和对组织的新期待甚至成了组织发展的阻碍。早期沃土工坊通过灵活实用的组织行动获得组织认同的方式难以为继，沃土工坊开始有意识地塑造组织的社会企业形象。沃土工坊在 2020 年设计最新的宣传页中显示出，沃土工坊高度关注其社会企业的合法性构念。宣传首页上，沃土工坊的员工还有其家里的幼儿组成了一幅家的画面，员工们手持着手绘的"幸福企业"等字样，洋溢着甜美的微笑。宣传册第一页，明确标识着："我们希望，大地健康有活力；我们希望，动物和植物都生长成它本来的样子；我们希望，消费者、生产者和生态从业者都活出生命内在的喜悦。"（a2）

在 39 页的宣传册中，关于组织使命和社会功能的宣传占据了 34 页，只有最后的 5 页从配送和产品筛选等方面介绍了沃土工坊的销售相关情况。宣传册上关于沃土工坊的介绍，也明确指出了沃土工坊的社会使命、社会企业身份及其混合组织特征。

沃土工坊是成立于 2006 年的一个志愿者团体，早期的主要工作是推广"社区支持农业"理念、考察小农户。

2008 年开始，为了给农户提供销售渠道，解决生态农产品销售难的问题，沃土工坊慢慢转型为一个生态健康产品销售及理念推广的社会企业，至今已与上百家生态农场建立合作，为消费者提供数百种经过严格甄选的健康食物。

2014 年成立非营利组织沃土可持续发展中心，为生态农业从业者提供专业技术支持，进一步促进生态农业发展。

2018 年在北京成立沃土农耕学校，以生活教育为本，生命教育为魂，为中国农业可持续发展培养综合性人才。

同年在广东中山市五桂山南麓旗溪村创办舒米学苑，与旗溪生活农场共同营造沃土可持续生活社区，致力于探索和研究可持续生活方式的落地和实现，希望打造一个让身心灵成长的生活范本。（a2）

目前沃土工坊的组织使命被标注为："通过搭建可持续的食物供求体系，重建人与土地的连接，沃土可持续农业发展中心（含沃土农耕学校）和旗溪农场则是沃土工坊实现可持续的食物供求体系和重建人与土地的连接一体两翼的根本纽带。"（a2）然而，调研中沃土工坊的创始人兼权威型管理者郝先生和创始人兼现阶段的大股东谭先生都明确表示过："舒米学苑和旗溪农场主要是沃土工坊创始人兼权威型管理者私人出资运营的。"（A1）也有证据表明旗溪农场目前与沃土工坊并没有实际关联。但沃土工坊最新的宣传页上还是浓墨重彩地标注了相关情况，反映出沃土工坊对社会企业身份及其混合组织的合法性特征的高度重视。按照迈耶、迪马吉奥和鲍威尔等人对组织与制度的经典研究，这一阶段沃土工坊体现出了极其明显的制度环境约束组织行为的特征，组织在按照社会企业的合法性逻辑进行生存实践。随着规模的扩张，沃土工坊需要更专业化的经营理念和更加规范的经营模式，组织功能的结构分化与形式化成了组织合法性的重要来源，这不只是组织行动策略的调整，更是组织行动策略与组织发展阶段性的匹配，对组织内部架构和制度层面的特征的重视也是一个组织从青涩走向成熟的标志。

（2）组织功能的稳健性与标签化

沃土可持续发展中心（含沃土农耕学校）和旗溪农场（含舒米学苑）共同承担了沃土工坊创办初期"推广有机种植，改善生态系统""致力乡村教育，激发乡村活力""倡导健康饮食，共享可持续生活"的三大组织使命及其原有的社会功能。按照最新宣传册上，"沃土工坊＋沃土可持续发展中心（含沃土农耕学校）＋旗溪农场（含舒米学苑）"的发展模式也符合沃土工坊最初的组织形态和发展理念，沃土工坊功能的结构分化进一步彰显了其以商业践行社会使命的组织标签。

具体而言，农友们并没有感受到沃土工坊商业化的不良冲击，是因为一些扶持性的工作转为与沃土可持续发展中心对接，并且沃土可持续发展中心具有更强的公共性。

"沃土可持续发展中心最初帮助小农做一些销售工作，与此同时还帮小农做一些技术的提升，包括产品包装规划等等。但是实际上到了2014年的时候，一个是你接触的小农多了，再一个是有一些物品并不能作为产品销售，这个就有点难做。沃土工坊人员精力也有限，专业性也有限，所以就把它单独注册出来，一是希望有专人来做这件事，再一个也是希望服务范围能够更广。就是围绕想要转型的生态农友，围绕大家的一些需求做一些公共性的服务。这样能把它做得系统一点。"（A1）

"有机耕作技术涉及生产体系和物流体系的重构，内容非常复杂，最开始沃土工坊自己在做一些有机耕作、包装等技术推广，但是很难做到系统性的技术推广，一方面郝先生希望有机耕种技术的推广不只是针对沃土工坊的采购农户，希望将技术推广做得更大；另一方面也希望把技术推广做得更全面、系统，而这与沃土工坊的商业化发展思路存在一定的分歧，最终就把沃土可持续农业发展中心独立出来了，有机农业推广也就可以进一步专业化了，这就能够更好地满足广大农友的实际需求以及更好地落实有机农业推广的理念。"（A1）

一方面，找到沃土工坊，希望其帮忙销售的农友们，如果达不到销售要求，就会被推荐到可持续发展中心，接受再培训；另一方面沃土可持续发展中心也不会仅仅把农友们当作沃土工坊的合作者，还会根据农友有机耕作的实际情况，为其提供全方位的技术指导和更广泛的销售渠道帮扶。沃土工坊最初既定的社会使命不但得到了稳定的延续，而且公共性更强了。在社会使命稳健性的基础上，农友们其实并没有感受到沃土工坊的商业化转变，反而是沃土工坊的商业化转变进一步开拓了市场，为农户的有机农产品提供了更好的销路。

从社会使命稳健性的层面看，沃土工坊是通过衍生可持续发展中心和旗溪农场的形式，实现了商业价值与社会功能的统一，这是社会企业合法性的本质体现。如果说初创期的沃土工坊是通过功能有效性生成了组织合法性，并通过事实上的积累为组织营造了局部关系网络下的必要制度环境，那么在发展期，沃土工坊则是通过形式上的确认实现了行为合法性到特征合法性的转换，是组织的结构和形式等规范的制度化特征为组织的合法性提供了保障。在这一过程中，组织内部制度更加完善，应对变化的外部环境和外部期待，沃土工坊实现了专业化改造和规范化经营，提升了组织的竞争力，并实现了组织从灵活实用向规范发展的转变。这是一个组织从青涩走向成熟的体现。"沃土工坊＋沃土可持续发展中心（含沃土农耕学校）＋旗溪农场（含舒米学苑）"的形式实质上就是市场功能与社会功能相分离的双轨制运行的具体体现，这与迈耶等人在美国教育系统经典案例中提出的制度环境下组织运行的实际行动与正式制度相背离的问题类似，这是制度环境下组织向合法性机制妥协的结果，即沃土工坊既要满足主要关系群体的实际需求，又要符合主要关系群体的期待，组织采用了组织结构与实际运行相分离的生存方式。这种双轨制的运行能够较好地解决专业化发展与商业模式下社会企业社会使命的稳健性问题。

（四）制度探讨

案例所反映出的从功能有效到形式确证的社会企业本土化发展路径具有一定的典型性，在中国现有的行政法律体系内，社会企业不具备独立的法律身份和专门的监管模式，合法性极为模糊，行动严重受阻。但行动者在制度面前并非亦步亦趋、被动适应，社会企业可以充分发挥主观能动性，通过自下而上的行动策略性地获取发展所需的组织合法性。

在初创期，社会企业能够通过积累功能有效性来生成组织合法性，只有通过提高自身的行动能力，切实解决利益相关群体关心的问题及创造性地破解社会难题，才能彰显组织的功能有效性和形式优越性，进而自下而上获取生存发展所需的合法性。就像任何一个新生事物一样，社会企业必须要在不违反现行法律和政策体系的情况下，通过其功能有效性来累积合法性，而这必然是一个新生事物自下而上的社会互动过程。组织合法性的生成与累积过程实际上就是组织获取资源的动态能力建构过程。在社会企业通过组织行为来生成并累积合法性的过程中，必然是要优先对与其紧密相关的关系群体进行关系动员。与企业不同，社会企业的身份及其合法性界定更加模糊，需要以具体的基层实践来为自身积累合法性要素，其行动过程必然是自下而上的，对应的合法性构建路径也必然是自下而上的。

进入平稳发展阶段，社会企业作为一种创新性的组织形式嵌入到中国社会转型的时代背景中，难免会与已经制度化的规制、规范和认知框架产生磨合和不匹配，而既定的制度框架和认知结构短期内很难改变。不可否认，国家的制度规则往往主导着资源的分配和社会预期的走向，社会企业要想实现长远发展，必须找到与现有制度体系的契合点，为自身发展争取合法性认同，进而获得资源支持，这是动态发展下社会企业的核心能力。为此，社会企业需要在维持双重使命不变的内核下，对组织结构和行动方式进行创造性的本土化改造，以迎合社会预期和制度要求。具体而言，双轨制的作用机制就是中国情境下本土社会企业利用制度规则、争取合法认同、吸纳外部资源的一大创举，也是社会企业自下而上构建组织合法性的策略行动。

目前国家还没有针对社会企业制定专门的监管制度，社会上对于这一新兴业态又缺乏普遍认知，社会企业无论注册为商业企业还是社会组织，都会造成对社会组织其中一种价值属性的"隐藏"，难以向公众展示其全貌，只能获取片面的合法性，造成其市场合法性或价值合法性获取的被动地位。身份是组织最核心、持久的特征，也是外部主体认识组织和形成价值判断的直接来源。通过组织双重属性的功能的结构分化，社会企业为自身的双重职能都赋予了"身份证明"，从而更好地获得了社会承认、政策管制及制度支持。同时，组织功能的结构分化与标签化在一定程度上保障了其经济、社会职能的专业化发展和双重目标的均衡实现，在组织规模的动态发展过程中实现了社会企业"以商业激活公益"的合法性内核，帮助社会企业避免了外界对其使命稳健性的质疑，这是本土社会企业通过策略行动嵌入制度环境、谋求合法性的有效路径。这实际上就是现阶段中国情境下社会企业本土化发展的具体写照。

综合来看，在现阶段的中国情境下，社会企业需要采取"分步走"的合法性建构策略，即在不同发展阶段对合法性获取各有侧重和取舍。在我国目前制度支持不足的宏观环境下，社会企业的合法性获取通常都具有明显的阶段性特征，社会企业需要基于对自身发展阶段特征和所面对制度环境的综合考量，分步骤、有重点地获取不同类型的合法性，从而为资源获取提供基本的制度保障。随着组织的发育发展，社会企业的规模扩张和结构分化都会随之而来，社会企业必须根据自身合法性诉求变化来调整合法性获得策略。这是在当前中国情境下社会企业能力构建的核心，即混合组织在初创期会选择优先获取规范合法性和认知合法性，当组织已经具备较高的价值认同和普遍的社会认知后，其需要实现从功能有效到形式确证发展方式转换。

(五)小结

1. 主要结论

沃土工坊是典型的自主创业型社会企业,从其早期创办到形态变化,都具有鲜明的制度特色。实际上,是组织生存实践的合法性逻辑解决了在宏观制度支持不足的情况下,社会企业的资源困境和立足问题;合法性的获得和维系则推动了在长期发展过程中,社会企业发展路径的转型。在适应制度环境的过程中,社会企业紧密围绕组织合法性的生成与维系来发展,可以被概括为"自下而上"地"从事实上的积累到形式上的确证",这也是制度环境下社会企业获取组织合法性并实现规范化发展的可行路径。

通过对该个案的理论分析及相应的制度探讨,得出以下结论。①与企业不同,社会企业缺乏清晰的制度约束,社会企业本土化发展需要经历一个生成和累积组织合法性,并构造出局部制度响应的过程。②在这一过程中,社会企业并不是在组织运行的规范性下去探索有效性,反而是通过功能有效性自下而上地获取组织合法性,在局部制度环境内实现从资源拼凑到规范性发展。③从功能有效到形式确证可以作为社会企业本土化发展的重要策略。综合来看,中国社会企业的本土化发展进程必将是一个组织与制度环境的协同发展过程,制度环境形塑组织的同时,组织行动也将深刻地影响制度的建构。社会企业从站稳脚跟到实现可持续发展,面对内外部发展约束的快速变化,社会企业产生发展路径的转型,这也是中国社会企业普遍面临的实践需要及其做出的制度回应。在当前社会转型背景下,多元的社会治理体系正在逐步形成,社会企业缺乏可模仿的规范要素,社会企业的生存实践一方面是要在不违法的情况下摸索其特有的合法性内涵及其作用机制,从而探索常规化的发展模式;另一方面社会企业也需要通过模仿和对现行商业监管制度的适应,以提升规范化发展的效率。

2. 理论贡献与实践启示

本案例研究基于沃土工坊的典型本土化实践,明确提出了中国情境下社会企业的发展路径，即社会企业可以通过策略性行动自下而上地构建组织合法性，并通过组织行动的合法性逻辑来突破新创组织的"资源陷阱"。社会企业可以通过切实解决利益相关群体关心的问题，彰显自身功能的有效性和组织形态的优越性，从而在局部网络关系下逐步改善社会认知、增强内外部认同；并在维持双重使命不变的前提下，对组织结构和行动模式进行创造性的本土化改造，来提高其与我国现有制度框架的协调度和契合度，从而获取合法性。而随着组织合法性构建的成功，内外部制度环境对组织会有更明确的发展期待，从而使制度环境通过合法性机制对社会企业的规范化发展进行形塑。而这一形塑的过程，并不只是传统意义上由外向内的，也内生于组织生存发展的内在需要，这实际上反映出了合法性机制与效率机制的并行，本书通过具体案例拓展了迈耶·迪马吉奥和鲍威尔提出的合法性机制与效率机制相背离的组织社会学分析的基本假设。

二、平台型社企助力发展方式变革的路径研究：国有企业孵化社会企业的新实践

（一）案例情况说明

本案例自国务院发布的中国自贸区最佳实践案例——冰山集团三次混改过程中孵化冰山慧谷的实践探索。冰山慧谷成立于 2017 年 01 月 23 日，位于辽宁省大连市沙河口区西南路 888 号，大连冰山集团的工业厂房原址。集团及其核心工业厂区搬迁后，集团未对原厂区旧址进行出让。依托工业遗址构造了冰山慧谷新型文创旅游项目。项目经营范围包括以下几类。餐饮服务。（依法须经批准的项目，经相关部门批准后方可开展经营活动，具体经营项目以相关部门批准文件或许可证件为准）一般项目：数字文化创意内容应用服务；信息系统集成服务；信息技术咨询服务；物业管理；企业管理咨询；企业形象策划；咨询策划服务；数字创意产品展览展示服务；会议及展览服务；非居住房地产租赁；住房租赁；广告制作；广告发布；组织文化艺术交流活动；组织体育表演活动；体育赛事策划；

体育竞赛组织；租赁服务（不含许可类租赁服务）；食品销售（仅销售预包装食品）；企业管理；创业空间服务；国内贸易代理。目前，冰山慧谷已经成为大连市，乃至辽宁省，十分具有知名度的由工业遗址改造而来的文创旅游项目，在对原工业遗址最大限度保留的情况下，进行了文创、旅游、商贸、饮食、酒店的联合改造，并积极承办各类青年创新创业活动，通过办公场地租赁和孵化等形式，集聚了一批文创旅游小微企业，成了集文创产业集聚、办公、旅游、餐饮于一体的大型文创旅游体验消费场所，以及市民周末举家休闲餐饮的集聚地。

本部分重点研究国有企业孵化的社会企业如何获得组织合法性，并实现与制度环境的互构。旨在通过典型案例的路径研究和经验研究，为社会企业高质量发展注入新动能，为中国情境下具有潜质的国有企业孵化社会企业的实践探索提供理论借鉴和路径参照。

1. 方法定位

本部分主要探讨国有企业孵化的社会企业的合法性建构路径，作为一种较新的实践形式，探讨组织合法性如何（how）建构，以及国有企业孵化社会企业有哪些（what）影响因素，且会产生哪些（what）有益影响。针对复杂现象的典型性，挖掘前沿实践的理论内涵和发展逻辑，与案例研究高度匹配。[①] 本部分试图将传统的扎根文献的概念提炼方法与业界联合式的浸润调研及逻辑提炼相结合，在扎根分析方法内在的校验逻辑的基础上，通过与业界的往复讨论，与业界的实务型逻辑提炼相校验。试图从实务型认识的视角，提炼出第一手数据中的概念逻辑。

2. 案例选择

本部分试图通过案例研究回答"国有企业孵化的社会企业如何获得组织合法性"的理论问题，以及"国有企业通过孵化社会企业会带来哪些有益影响"的新认识。本书选取具有典型意义的冰山慧谷创新发展案例。冰山慧谷是冰山集团的新创公司，冰山慧谷建立之初就具有典型的使命型特

① YIN R K. Case study research: design and methods[M]. Newbury Park, CA: Sage, 2003.

征，冰山慧谷的场地是冰山集团建在社会主义市场经济改革初期的工厂原址，随着城市的快速化发展，其工厂原址已经成为城市中心区，工厂扩建需要重新选址。通常工厂外迁，工厂原址会进行土地置换或拍卖，不但企业能够得到城市土地开发的丰厚回报，企业的高层管理团队也能够获得原址购买商品房的优惠甚至是直接补偿。但冰山集团并没有选择将工厂原址卖掉或进行商住开发，而是用自有资金，对原址进行了升级改造，使其成为工业文化旅游、休闲旅游、创新创业平台的集合地。在项目确立之初，冰山集团的管理层就确定了"坚守压缩机研发与制造主营业务""不进行土地开发"，将冰山慧谷打造成为"让下一代拥有工业记忆"的使命型企业。据此，冰山集团充分发挥其作为压缩机研发与制造领域国内头部企业，及其具有国际一流竞争力的国有企业的带动效应，将上、下游产业链上的关联创业企业集聚于此，吸引更多的创业企业进行集聚式发展，重新构造工厂原址的创新生态和文化生态。

3. 数据收集

考虑到将扎根分析方法与实务性认识的逻辑提炼相结合，存在扎根方法的先验性疑虑，本书的案例数据搜集采用跨期跨界多主体案例数据采集的方式。依托辽宁省政协讲好"辽宁故事"调研组（官方调研）、企业家专题调研座谈（企业主导）、学术团体调研（传统调研）三个渠道三种形式，开展专题调研，在案例数据的获取上确保扎根分析所用文献的多视角与多重校验性，在基础数据基础上，通过与参与企业关联人员和关键人员联合讨论的方式，对基础数据进行校验补充，并从一条平行的概念逻辑出发，提炼出与扎根分析的逻辑提炼相校验的实务型逻辑。

案例数据收集方法主要包括半结构化的正式座谈、非正式访谈、现场考察，二手资料（含网站、正式宣传材料、公众号等补充材料），以及后期核实性资料核对与多方调查式访谈，通过多样化的数据来源和第一、第二手数据的相互补充、交叉验证，有效保障案例数据的信度与效度。案例数据收集情况如表2-4所示。

表 2-4　案例数据收集情况

资料类型	资料来源和获取方式	资料数量	资料内容	编码标识
第一手资料	集团走访座谈/省政协调研组	1 次（共 40 分钟）	集团三次混改的经验、慧谷项目的情况及决策过程	201
	集团负责人访谈/电话、微信等	3 次（共 50 分钟）	党的领导与集团创新发展如何统一、重要项目的决策体制、慧谷项目的初衷与基本情况	202
	企业走访座谈/省政协调研组	1 次（共 85 分钟）	冰山慧谷的初创、经营和发展情况介绍；冰山慧谷发展的经验分享	231
	关联企业座谈/企业家组织活动	1 次（共 90 分钟）	入驻冰山慧谷的原因，与冰山慧谷的互动，冰山慧谷的平台功能等	232
	企业及关联群体访谈/电话、微信等	4 次（共 110 分钟）	如何看待冰山慧谷的定位、发展及平台作用等；有哪些新问题	24
第二手资料	集团提供的书面材料/省政协调研组	3 份	集团创新发展作为国务院发布的自贸区典型制度创新案例的汇报材料；集团情况介绍；重点项目情况介绍	G
	企业提供的书面材料/省政协调研组	1 份	冰山慧谷创新发展情况汇报材料	H
	网络析出文献	12 份	集团官网、统战部门及工商联创新创业活动宣传、官媒及网络报道等	N

注：编码标识的基本原则来源于获取年份及其顺序，网络析出文献采用惯性标识。

4. 数据编码说明

　　在案例的数据分析阶段，文章借鉴扎根理论的经典编码与提取方式，借鉴权威期刊近期见刊的相关选题论文的数据编码与概念提取的常规展示方式[①]，从左至右分别是理论逻辑维度、二阶核心概念、一阶代表性标签、典型援引、编码来源标识；在关键概念，尤其是理论逻辑的提炼过程中增

————————

　　① 张其伟，徐家良. 社会组织如何激发城市基层治理活力？——基于环保类组织的案例研究[J].
管理世界，2023，39(9)：142-158.

加与企业负责人和关联企业负责人的沟通，增强对概念和逻辑提取的先验性共识，并在理论逻辑维度内以对应的括号标注企业负责人和关联决策者的先验性的认识逻辑。按照外部合法性建构和内部合法性建构两个组织社会学的经典维度①，进行概念提取与逻辑归纳。

（二）文献回顾

以往研究认为社会企业的资源拼凑是制度环境不健全情况下社会企业生存发展面临的首要问题。但随着各类混合型组织发展的日益壮大，以及新常态相对低速经济增长的情景转化，越来越多的具有双重使命的混合型组织开始关注社会化问题，以派生的形式形成了新的社会企业。② 这些社会企业面临的首要问题则从生存转变为发展。在中国的经济制度环境下，有很多组织类型实际上都兼具着这种双重属性，随着社会主义市场经济体制的建立和逐步完善，合作社和公益类国有企业等具有混合型使命的组织正面临着市场化导向的组织变革。从失序到重构，社会企业化或派生社会企业逐渐从无意识形态发展成为组织自觉。③ 纵观国有企业改革历程，国有企业实际上也是一种兼具双重使命的组织形态，其市场化改革也是一个从失序到重构的过程，也会存在类似现象，只是这种现象可能会以强化主营业务市场化发展和社会化功能派生社会企业的方式呈现。在新时期，国有企业已经初步建立起完善的市场化经营体制，经济增长也进入常态化，市场主体告别了高速增长环境，混合型组织变革逐渐成为组织发展的重要组成，国有企业以何种形式派生社会企业功能，并保持两种组织形态的稳健有效运行，是一个需要得到关注的问题，也是一个值得深入挖掘和思考的理论问题。与社会企业资源拼凑实现规模化发展④不同，国有企业作为

---

① SINGH J V, TUCKER D J, HOUSE R J Organizational legitimacy and the liability of newness [J]. Administrative Science Quarterly，1986，31（2）：171-193.

② 肖红军，阳镇，商慧辰. 混合型组织生成的范式解构：创生式与转化式的多向演绎[J]. 上海财经大学学报，2022，24（1）：76-91.

③ 高传胜. 社会企业、国有企业改革与社会创业创新[J]. 人文杂志，2016（12）：103-109.

④ 刘玉焕，尹珏林，彭洋. 社会企业如何通过社区资源拼凑实现低成本规模化发展？[J]. 研究与发展管理，2023：35（4）：126-138.

社会主义市场经济体制下的基本组织形态，与制度和体制具有极强的嵌入性，其派生的社会企业的实践是新时期国有企业改革的先进性实践，是对资源，甚至是体制的高度整合，而非为了生存对资源进行的有效拼凑。

1. 社会企业的类型及其合法性问题

社会企业兼具经济和社会双重属性，使其难以避免双重使命与双重目标下制度张力的拉扯，这是社会企业组织合法性问题的根源所在[①]，而这种制度张力从某种程度上也反映着具有功能混合特征的混合型组织发展动力的来源，即过于偏向于任何一个单方面的功能都会导致组织的使命偏离，从而导致组织的衰亡，在两种功能约束的制度张力下所展现出的组织弹性和响应能力恰恰成了组织发展的重要动力。[②] 同时，组织的混合型特征也使得社会企业不仅能整合市场资源，还能整合社会资源从而促进自身发展，最终实现自身发展、服务社会公平与可持续发展目标的统一。从双重属性出发，社会企业面临制度拉扯的同时，也面向两种制度下的资源。在"组织目标—组织财产—组织运作"的形塑与规范化发展日益成熟的过程中，社会企业与第三次分配等国家价值导向具有极好的耦合性，能够更好地融入社会财富公平流动和共同富裕目标。[③] 社会企业作为经济交换与社会交换及其回报方式的关系和协同，具有亲社会的生命力，与市场经济内在相容，与国家体制高度契合，国有企业与社会企业的共生演化，会使得社会企业的来源更多样，其合法性的范畴和内涵更加丰富。[④]

在中国，由于社会企业相关制度不健全，社会企业很难以社会企业的组织身份进行注册，也无法向企业一样，拥有完善的发展和监管体制来形

①　刘志阳，许莉萍. 制度与社会创业：基于文献的整合框架[J]. 经济管理，2022，44(1)：192-208.

②　DOHERTY B, HAUGH H, LYON F. Social enterprises as hybrid organizations: a review and research agenda[J]. International Journal of Management Reviews, 2014, 16(4): 417-436.

③　张仪昭. 第三次分配视角下社会企业的价值诠释与主体构造[J]. 河南财经政法大学学报，2023，38(1)：71-81.

④　金碚. 社会企业的机理逻辑及对认识现代市场经济的启示[J]. 中国工业经济，2022(3)：5-19.

塑组织的规范化发展。① 具有实践自觉特征的社会企业，往往也只能以企业的组织身份进行注册，并接受工商管理部门的监管。作为经营主体，其商誉、品牌都具有沉没成本特征，面对成都等城市逐步开放的社会企业注册及专项监管，也很少有组织会选择重新注册。中国有很多经营较好的社会企业都是在注册制度改革之前成立的，不能将组织身份作为中国社会企业识别的必要条件。同时，以合作社转型而来的社会企业极具代表性，原有形态和从属关系(affiliation)决定了社会企业不同的发展模式。这使得中国社会企业的发展呈现出多样化特征。基金会扶持的社会企业更具公益性特征，实践自觉而来的社会企业市场化实践能力更强②，合作社等存在双重属性的组织机构转型而来的社会企业经营目标更明确，对体制的嵌入性更强。③ 越来越多的交叉学科研究，对中国的企业和社会企业发展进行了对比，组织的"混合"内涵所带来的机会可能是更加积极的。④ 社会企业的资源获取方式及其合法性的呈现方式都将更富多样性。

　　2. 平台型企业的形成与意涵

　　在数字经济不断发展的背景下，人类由传统的工业时代迈入了平台经济时代。在平台经济范式下，平台成为聚合和整合资源、优化配置，创造共赢价值的新经济载体。平台型企业并不直接提供产品，而是作为连接市场供给主体和需求主体的交易桥梁，通过平台服务对象的界面构建搭建，服务市场需求侧与供给侧的精准对接，从而间接性地减少交易费用，通过

---

① LIANG HE. To gain legitimacy in validity: the path selection of localization development of social enterprises in China[J]. China Nonprofit Review，2021，Vol. 13. 1&2.

② 罗文恩，张雪华. 使命稳健：社会企业双重目标融合发展机制研究[J]. 研究与发展管理，2023，35(4)：139-151.

③ 成鸿庚，李健，李筱涵. 合作社何以转型为社会企业？——基于权变组织创新视角的纵向单案例研究[J/OL]. 南开管理评论. https：// kns. cnki. net/kcms/ detail // 12. 1288. f. 20221214. 1343. 002. html.

④ BACQ S and K A EDDLESTON. A resource－based view of social entrepreneurship：how stewardship culture benefits scale of social impact[J]. Journal of Business Ethics，2018，152(3)：589-611.

对交易费用的替代，逐渐孕育和诞生了平台型企业。①

随着制造业服务化和产业数字化的全面发展，平台型企业已经从传统的互联网企业逐渐演化到各个领域。海尔等制造企业已经出现了典型的平台化发展特征，通过建构各方基于利益与兴趣的生态社群，使平台型企业形成上下协同、内外联动的组织机制。② 平台型企业通过"价值共创、资源共享、理念共通"，已经成为商业模式创新和技术创新的重要推动力，具有"开放、共生、协同"的三大特征。③ 平台型企业能够高度汇聚创新资源。在汇聚创新资源的同时，对创新资源进行充分的调动与整合，从产品价值创造，到品牌价值创造，再到生态价值创造，实现创新能力和价值创造的跃升与放大④，形成了从联结到联动再到联体的发展模式。与此同时，随着平台型企业不断向系统化、纵深化方向发展，已经成为共享经济的关键支撑。平台型企业的社会责任也从运营主体的社会责任演变为社会资源配置功能的社会责任，平台型企业已经成了生态化治理的重要参与者。⑤ 平台型企业从一类运营主体，逐渐成为一种发展模式和治理模式。

（三）路径分析

1.内部合法性建构：国有企业公益性治理模式的迭代传承

冰山慧谷虽然以企业的形式注册，但从其诞生之日起，就有明确的组织使命。

"当时（集团迁出城市中心区时），政府也让我们发展房地产项目。卖给政府，政府挂牌以住宅的形式出让，我们每个高管还能得套房子，哪怕

---

① 阳镇.平台型企业社会责任：边界、治理与评价[J].经济学家，2018（5）：79-88.

② 胡国栋，王晓杰.平台型企业的演化逻辑及自组织机制——基于海尔集团的案例研究[J].中国软科学，2019（3）：143-152.

③ 冯蛟，董雪艳，罗文豪，等.平台型企业的协同赋能与价值共创案例研究[J].管理学报，2022，19（7）：965-975.

④ 孙新波，马慧敏，何建笃，等.平台型企业价值创造机理及演化案例研究[J].管理学报，2022，19（6）：801-810.

⑤ 肖红军，李平.平台型企业社会责任的生态化治理[J].管理世界，2019，35（4）：120-144，196.

不要，购买起码也能有个内部价吧，而且土地出让给政府或者联合开发，能有十几亿。但最终，我们还是决定保留厂址。拆了就都没了，我们都是80年代毕业就到了那里，从学徒走到现在，冰山集团也发展得很好，起码我们每年都实打实地给国家上缴企业利润，多少央企上缴的利润都没我们多，现在我们的压缩机在-272摄氏度到430摄氏度的温度区间不但能够实现自主技术的精准温度管理，还能够实现低能耗的场景转换。我们不盲目扩张，只做有钱可赚的业务，我们始终保持集团稳健运行，每年都在给国家创造和上缴企业利润和利税。"(201)

"有人说冰山集团搞'一言堂'，作为集团的董事长，集团的党委书记我都不兼任了，我们就是集体决策。我们就是想留下一个时代工业发展的印记，不能因为房地产开发赚钱，我们就抛弃当年的回忆和发展的初衷。"(202)

"把冰山慧谷交给年轻一代，一些跟集团相关的上下游新项目的孵化可以放在冰山慧谷，冰山慧谷的经营也要更加年轻化。让更多的人（新的一代人）看到东北工业发展的深厚积淀，和扎实深耕工业发展的文化底蕴，让更多的人能够在集团的新平台上获得成功。"(201)

冰山慧谷从创立之初就延续了冰山集团稳健、有责任感的组织使命。迭代传承，延续"传帮带"的工业文化是冰山慧谷创立的初衷，也成了冰山慧谷组织使命的重要来源。对于组织的创立和发展而言，如何定位主营业务至关重要。将冰山慧谷打造成为有工业文化底蕴的文化休闲公园和创业孵化器奠定了冰山慧谷的重要发展方向。

"工业厂房给人的印象往往是脏乱差的，在不改变厂区和厂房规划布局和建筑结构的情况下，通过改造的方式，把工业遗址留给市民休闲娱乐，用文创旅游业态来焕发老厂区的生命力，让我们自己和孩子们周末都能回去看看，就是我们将工业遗址打造成为文创旅游项目的最初设想或者愿景。"(201)

"我们最初将一些咖啡厅开在了厂区里，将一些我们（集团）参与投资的上下游创业团队和公司安排在了冰山慧谷，社区食堂和咖啡店入驻后，基本满足了厂区的创业、办公孵化功能，随着人气的不断提升，我们也有意地安排一些便于大众消费的连锁的餐饮机构和小吃摊位入驻了熊洞街，我们以象征冰山集团的北极熊作为熊洞街的标志，将熊洞街打造成了餐饮、娱乐一条街，既能够满足市民周末的休闲生活需要，也能够满足厂区整体规划动静结合的需要。"(231)

随着组织发展模式和主营业务日益清晰，冰山慧谷以传承工业文化底蕴为目标，以打造满足周边市民周末文化休闲场所和创新创业项目集散地为载体的组织使命和发展模式被进一步确立，并贯穿在冰山慧谷的运营过程中。

冰山慧谷由冰山集团和浙江南方基石企业管理有限公司共同出资，由专业管理公司进行管理，在最初的股权结构设计过程中，冰山集团向全国招标，对原集团厂区进行工业遗址的文创旅游改造专项，在发展理念、规划设计、共同投资和发展方式能够满足集团最初构想的情况下，成立联合投资主体和联合管理团队。"传承工业文化底蕴"的发展理念深度地根植于从最初的理念构想到规划设计再到发展实施的全过程。同时，由于最初入驻的创新创业团队主要以集团投资和孵化的上下游关联创新创业项目、团队和公司为主，创新创业生态与冰山集团的发展理念也高度契合，最终形成了兼具公益和使命的特色的国有企业公益性治理理念和发展模式。

"我们(冰山慧谷核心管理团队)本身也是因为非常认同冰山慧谷在最初构想时期的价值导向，才走到了一起。作为专业化的企业管理公司，我们也是在对工业遗址改造文创旅游项目高度认同的情况下，才能够获得成绩并积累重组经验的。"(231)

冰山慧谷的联合投资方和联合管理团队高度认同冰山集团的发展导向和治理导向，联合组建的治理团队在适应本地化发展和"传承工业文化底蕴"的发展理念的基础上，融入了冰山集团的当地化国有企业公益性、稳健性发展的企业文化。这种不追求短期超额利润的稳健性发展模式，也在管理团队磨合的过程中，成了管理团队和组织发展的考核导向和重要价值约束。通过迭代传承，解决了组织管理的内部认同问题。同时，在业务导向上，有倾向性地定位于创新创业扶持和本地市民周末文化休闲服务，使得管理团队下设的核心团队依然主要负责协同的管理职能，不论是面向创新创业团队的入驻和服务，还是面向熊洞街、咖啡厅、酒店和二手奢侈品店的管理与对接，都没有高强度的发展指标类的考核任务，单纯的服务化导向使得稳健性发展根植于冰山慧谷的上下两级核心管理团队。对传承冰山集团稳健性、公益性价值观，"传承工业文化底蕴"发展理念，与满足周边市民周末文化休闲需求的场所和创新创业项目集散地两个主营业务上深度统一，形成了内部认同。冰山慧谷作为具有组织使命的新创组织，自身就蕴含着强大的内部合法性，并在运行过程中，通过组织使命与组织发展模式的有效衔接，其发展模式及理念深入人心，形成了新创组织赖以生存的组织内部合法性。

2. 外部合法性建构：对"政府—民企—市民"的有效连接

冰山慧谷是典型的新创的综合类新业态项目集群，外部关联群体非常复杂。冰山慧谷能否快速建构组织的外部合法性决定了冰山慧谷的资源获取和派生能力以及其在社会网络关系中的占位。从满足周边市民周末文化休闲需求的场所和创新创业项目集散地两个主营业务层面出发，冰山慧谷主要面向上级集团公司——冰山集团，以及市民和入驻的中小微民营企业。作为市民周末文化休闲场所和创新创业项目集散地，需要承载大量的社会职能，为此，不需要面向经济和社会职能管理部门。

作为新创业态，冰山慧谷的社会认同和外部合法性的获取过程至关重要。从最初的集团投资的上下游创新创业项目、创业团队、创业型小微企业的入驻来看，冰山慧谷是典型的连接上级集团公司和集团公司投资孵化主体的平台，其逐步发展起来的文创休闲服务生态，也是从服务入驻企业发展到服务市民，满足其周末文化休闲的场所需求。从商业实际出发，吸引周边居民选择在周末到冰山慧谷，相对服务入驻的创业团队和小微企业，具有更大的不确定性。对于入驻的创业团队和小微企业，每周都有固定时间要在冰山慧谷办公和生活，作为曾经独立的工业厂区，步行出入距离几乎都要达到2～5千米，需要在冰山慧谷的厂区内解决基本的生活消费需求。并且，创新创业青年对生活消费有更高的品质和休闲消费需求，从而形成了对中青年群体具有广泛吸引力的周末休闲消费场所。从冰山慧谷早期的发展逻辑看，其具有典型的平台化的组织行为特征。从最初连接上级集团公司和集团公司投资孵化主体的平台功能，到大量创新创业生态的集散地，冰山慧谷的平台化功能则更多地体现在对"政府—民企"的连接。

"以创业孵化和创业宣讲活动为例，冰山慧谷经常性地举办创业宣讲活动，通过办公区四座相连办公楼一楼的错层设计，设置了50～150人规模的活动场地，能够满足创业宣讲、路演等特色活动场地需求。"（232&H）

"2022年10月，曾广泛组织过一系列的元宇宙和数字藏品创业宣讲活动，冰山慧谷所在区的区委统战部副部长经常性地参与此类活动，致开场辞并深度地参与到活动的讨论环节。"（24&N）

"我们（在冰山慧谷场地举行）的创业宣讲活动一方面是入驻企业借用场地开展有关活动，另一方面主要由区里有关部门提出活动建议，我们来组织或找到熟悉该领域的创业团队开展有关活动，通过有关部门和我们的公众号来进行联合宣传。实际上，区里很多部门，科技局、统战部、组织部人才办都会有组织青年创新创业活动的需求，以我们的场地为载体，为有关部门和创业团队、创业者，甚至是话题关注者搭建平台。"（24）

"对此，参与活动并致辞的有关部门的工作人员也明确反映，冰山慧谷是区里的重点项目，有冰山集团背书，与我们的联系比较舒畅，也能够避免政府公务员与小微企业直接联系不通畅等问题，参与的活动起码不会是诈骗活动，其实我们对小微企业不了解，对参与这种新的活动，也很担心会碰到诈骗。（24）

从创业活动的实践看，冰山慧谷具有典型的平台化发展特征。针对创业项目、创业团队和创业公司的小微化与小众化特征，冰山慧谷作为孵化器承担了与经济和社会管理部门的平台联系功能，冰山慧谷提供了舒适、便捷、适合创新创业青年的交流场地和发展平台，冰山集团则为冰山慧谷提供了资源背书和信用背书，从而有效地连接了政府与中小微民营企业。作为市民周末文化休闲场所，熊洞街集聚了鸣记烤鱼等受到本地市民喜爱的餐饮服务企业，为市民提供了便利的集群化餐饮消费和休闲消费场所，针对市民周末文化休闲服务的平台化直观地体现在冰山慧谷本身就是一种平台化的休闲场所。

随着市民周末文化休闲场所和创新创业项目集散地双重功能的结合，冰山慧谷的平台化功能则进一步体现为对"政府—民企—市民"的连接，一些新型教育机构、文创设计公司、咨询和评估公司等周边企业也开始大量入驻冰山慧谷，通过高品质的创新创业和文化休闲生态的构造，大量的人群形成了路径偏好。

"冰山慧谷能够满足居民的驻车、餐饮和休闲服务需求，到冰山慧谷陪孩子上课外班、做课外体育运动和益智训练，家长可以顺便休闲放松，到冰山慧谷谈业务顺便也能走走逛逛，冰山慧谷对人流集散提供了多重便利，在冰山慧谷很容易开展课外培训项目。"(232)

通过对"政府—民企—市民"的连接，冰山慧谷作为具有使命导向特征的平台化社会企业，平台化功能得到了进一步的发挥，并在社会网络关系中占据了更典型的中心位置，这种与政府、民企和市民相互连接的恰当的距离和中心位置成了其平台化社企的典型特征，通过高效的联系与连接，冰山慧谷将复杂社会网络关系中的不同群体转化成为其功能实现和资源积累的重要来源。通过对"政府—民企—民众"的有效连接，冰山慧谷构建了其有实际效用的外部认同，不断地生成和积累了组织的外部合法性。并在体制、社会网络结构中获得了符合组织发展模式，隶属于组织自身的体制认同。

（四）制度探讨

1. 中国情境下国有企业功能的社会化派生

冰山慧谷是典型的通过"价值共创、资源共享、理念共通"，形成上下协同、内外联动的组织运营模式的企业，具有平台型企业所特有的"开放、共生、协同"的三大特征。冰山慧谷在汇聚创新资源的同时，对创新资源进行充分的调动与整合。通过更好地连接"政府—民企—市民"，打造了特有的冰山慧谷的平台生态发展模式。从冰山慧谷的运营模式看，冰山慧谷是典型的平台型企业，但又与传统的平台型企业不同，冰山慧谷自创立之初就传承了冰山集团稳健性和公益性的发展理念，建立了以工业遗址的文创旅游型改造，坚守工业文化的传承的组织发展模式和组织使命。在中国，由于还没有广泛的社会企业注册制度，冰山慧谷并没有以社会企业的组织身份进行独立注册，并接受相关机构的专门监管。同时，冰山慧谷所在的辽宁省也没有推行社会企业的专门注册和监管体制。在理论上，冰上慧谷以使命为导向，面对短期超额利润也没有妥协，以传承工业文化，打造工业遗址文创旅游项目为目标，具有典型的社会企业组织特征。冰山慧谷可以被归类为平台型社会企业。从更宏观的中国情境出发，冰山慧谷契合了中国基本经济制度下国有企业社会功能的社会化派生，冰山慧谷承接了冰山集团的社会化功能，在国有企业社会责任考核的制度约束下，冰山慧谷作为冰山集团的控股子公司和标志性的创新创业扶持项目兼文创类改造项目，是冰山集团企业社会责任的具体表现。在外部制度约束下，冰山慧谷的社会企业化发展模式对国有企业改革也具有重要意义。同时，冰山慧谷的平台化发展，也是在发挥冰山集团作为地方优质国有企业对"政府—民企"有效连接基础上发展而来的。平台化是国有企业派生的社会企业的发展优势和重要实践路径，能够为中国情境下国有企业社会化功能派生社会企业提供理论参照与路径借鉴。

随着《区域全面经济伙伴关系协定》（*Regional Comprehensive Economic Partnership*，RCEP)的落地，中国已经进入协议性的全球合作发展模式。中国正在积极争取进入《全面与进步跨太平洋伙伴关系协定》(*Comprehensive and Progressive Agreement for Trans-Pacific Partnership*，CPTPP)的协议覆盖范围，并积极参与协议的谈判与形成。考虑到协议性的条款约束，社会组织和社会企业在全球化进程中有着特定的发展优势，从人类文明和全球化的角度看，社会组织和社会企业更具公益性，被给予了更大的发展空间和条款约束的豁免权。与社会组织和社会企业相反，国有企业恰恰被赋予了更多的条款约束，并且相关的条款约束不只是涉及国有企业条款，还包括公平竞争和政府采购条款。[①] 在谈判过程中，对补充协议和附录的谈判，国有企业也很难获得豁免条款。冰山慧谷是冰山集团在面向全球资本的三次混改过程中的实践成果，具有全球可对话的制度内涵，能够作为中国积极融入多边协议性的全球化发展模式下国有企业应对条款约束的重要发展模式和路径选择。从制度背景出发，国有企业社会功能的社会企业化派生具有众多优势，且符合国有企业改革的总体要求，是多重外部制度和现实情境下国有企业主动应对制度形塑的结果，具有典型性，更具有代表性。

2. 中国情境下平台型企业的社会化转型

平台型企业主要是通过汇聚各类资源，获得调动、整合与服务的收益，平台型企业有其特定的商业价值和市场贡献，但作为汇聚资源的新型主体，具有信息资源方面的绝对优势，随着平台型企业的壮大，平台型企业歧视性定价、垄断性经营等平台治理问题日益突出。平台型企业的发展模式需要更加多元化，进一步突出平台型企业的公共性和社会性。冰山慧谷的发展模式证明社会企业的发展模式或者说是使命导向型的发展模式，对于整合政府、中小微企业和市民具有混合型组织的先天优势，在社会网络中的结构占位更优，对话能力更多元，能够更加贴近不同体制和不同类型的主体。

反观平台型企业的快速发展，也往往承担了打破垄断和深水区利益格

---

① 艾德洲. 国民待遇原则下自贸区国资国企改革的集成性问题研究[J]. 国有经济研究，2020(1)：81-88.

局的实践功能，虽然这些行为不一定来自组织使命和担当，但确实有此效果。这也是各类平台型企业实现快速发展和规模化发展的重要原因。但在平台型企业的发展过程中，汇聚了太多信息，这些信息以不同的组合方式会成为社会安全与经济发展的"双刃剑"。从算法革命出发，随着算法和人工智能技术的快速发展，平台型企业的信息资源优势一旦结合算法，就会产生歧视定价的绝对优势，从而侵占消费者剩余，导致市场失灵。平台型企业的治理既不能对算法革命进行过度抹杀，更不能放任自流。算法革命一旦与平台型企业"开放、共生、协同"的三大特征相联系，就等同于直接进入了公共治理空间，平台型企业必须要面对国有化和社会化两个发展转型方式，不论是从强制性制度变迁的现实需要，还是市场经济条件下对国有企业发展效率的广泛担忧，国有化都很难推行，社会化和社会企业化几乎是综合情境下的最优选择。平台型企业的社会化转型和社会企业化发展模式，更符合公共利益，更符合国家治理体系现代化和有为政府的治理逻辑，能够进一步获得政治合法性和行政合法性，从而夯实新时期各类平台型企业的发展基础。平台型企业的社会化、社会企业化发展能够有效地解决其公共性危机。

（五）小结

1. 主要结论

冰山慧谷是典型的由国有企业孵化而来的具有明确社会性使命导向的社会企业。本部分基于开放环境下国有企业孵化社会企业的典型案例，提出：①国有企业孵化社会企业具有先天优势，国有企业兼具的公益性经营模式，能够迭代转移，在社会企业初创期，快速形成内部认同，并建立完善的运营模式。同时，社会企业能够反哺国有企业的企业文化，为新时期国有企业改革提供助力，快速形成稳定的组织内部合法性；②国有企业孵化的社会企业能够通过形成"政府—民企—市民"的有效连接，获得并维系组织外部合法性；③本研究将平台型企业的前沿研究拓展到社会企业研究领域，为社会企业高质量发展提供了理论借鉴，同时也为平台型企业的发展提供了新的参照。本研究有助于丰富研究者对中国社会企业本土化发展模式的再认识，为中国情境下具有潜质的国有企业孵化社会企业提供理论借鉴和路径参照。

2. 研究展望

本研究的不足主要是：虽然通过扎根文献的提炼方式对概念和逻辑进行了规范提炼，但案例的理论对话仍稍显薄弱，使得文章的理论洞见在典型性和代表性上仍有提升空间。在某种程度上，这是本研究的不足之处，但同样，也可以为学者们日后的研究提供参考。本研究基于开放环境下地方国有企业孵化具有明确社会性使命导向的社会企业的新实践，在坚持扎根分析方法、立足文本内容多重校验的基础上，力争获得更符合前沿改革实践的理论认识和路径参照。通过制度分析和拓展性探讨，本研究认为外部制度情境正在为国有企业孵化平台型社会企业的新实践提供更广阔的实验场景和发展空间，相关案例会持续涌现，从而进一步促进新的理论洞见的形成。综合来看，面向外部制度环境的变化和制度变迁，在制度形塑下市场主体所做的新的尝试往往都是有益的。

三、制度"夹缝"下偶发型社企的发展路径研究：基于微乐口腔的单案例纵向分析

（一）案例情况说明

与沃土工坊的实践自觉和冰山慧谷的国有企业改革的实践派生不同，微乐口腔是典型的偶发型社企，微乐口腔的诞生是社区诊疗制度改革的结果。创始人李先生是一位具有高度社会责任的知名草根创业者，他的妻子高医生是一位口腔医生。最初创立微乐口腔的目的是让他的妻子能够拥有更自由的工作时间，并取得不低于原连锁口腔诊所任职的工资待遇。从微乐口腔创办初期就存在偶发性，即医保制度改革过程中，一些牙科治疗费用在社区医院能够直接报销，冲击了原连锁口腔诊所的传统业务。同时，由于新冠肺炎疫情的暴发，以高医生为代表的连锁口腔诊所的专业医生收

入锐减，连锁口腔诊所也改变了管理模式，双重作用下，高医生被一家港资民营整形医院的牙科挖走。但在整形医院系统工作，需要依托牙科业务来拓展整形业务，这使得高医生产生了强烈的工作不适。在一系列的偶发经历下，高医生想创办一个私人口腔诊所。

在一次聚餐中，李先生说起了想开一个私人口腔诊所的新项目，目的一方面是让高医生能够聚焦在口腔专业，发挥专业优势；另一方面是能使其拥有更自由的时间。在头脑风暴下，李先生理清了三个约束条件：一是聚焦口腔诊所专业服务；二是以专业技术和业务收入为基本目标；三是以连锁经营和加盟为长期目标。在这三点约束条件下，参与讨论的一位大学老师提出了社会企业和社区服务的发展模式，即以社会企业为定位，以"做中国社区牙科守护者"为使命，以合理的专业技术收入为支撑，以非营利性的社区服务模式为载体，更好地嵌入社区医疗服务，探索特有的社区牙科发展模式和业务拓展模式。社会企业能够更好地承接社区医疗服务的业务，与医保制度改革形成极好的嵌入性和长期发展共识。微乐口腔最初的发展理念由此确立。

综上，与沃土工坊和冰山慧谷不同，微乐口腔涉及的决策人和执行人非常少，为此，对本案例的数据采集和标注不进行特定说明，以更直观的访谈人及访谈形式作为案例数据标识，实现浸润式的调研资料和案例数据展示。

(二)文献回顾

1. 医疗制度改革

1998 年，中国政府提出建立城镇职工基本医疗保险制度，经过长期改革和不懈努力，中国社会医疗保险制度在全国各地逐步建立起来。[①] 牙科由于治疗、耗材的特殊性，长期以来一直游离在城镇基本医疗保险制度保障体系之外。这也间接促使广大民营牙科诊所和牙科连锁机构的形成。然

---

① 梁鸿，赵德余. 中国基本医疗保险制度改革解析[J]. 复旦学报(社会科学版)，2007(1)：124-132.

而，随着医保制度改革的不断深入，职工医保门诊统筹改革对牙科治疗带来了冲击。2021 年，国家启动了职工门诊共济改革，目的是提高门诊保障水平，引导合理住院需求。目前，职工普通门诊统筹基本覆盖了我国的主要地区，最初设定的起付线、封顶线和报销比例都在持续优化，各地区门诊统筹起付线均值已经从最初的 980 元/年大幅下降到约 450 元/年水平，封顶线均值超过 4 131 元/年水平。在一、二、三级医疗机构，门诊报销比例平均数依次为 73.8%、61% 和 53% 水平，门诊统筹的总体目标就是引导患者合理就医，就近就医，更好疏导医疗供给与需求之间的矛盾。① 统计数据表明，门诊统筹政策实施后，农村中老年人群医疗支出显著下降，简单来讲就是能不住院的病就在门诊看、门诊报销，住院次数降低了 17.84%，单次住院费用没有明显提升，甚至降低了 6.21%，医疗总费用随着门诊统筹的实施显著下降。在大方向上，门诊统筹和分级诊疗制度对疏解医疗供给与需求之间的矛盾，合理引导医疗消费都有积极的贡献。② 综合考虑到典型国家社会医疗保险报销起付线多设置在人均年收入的 3% 以内，预计未来 5～10 年，我国各地将进一步普遍提高门诊保障待遇，调整报销起付线，并根据分级诊疗制度改革的实际需要，实施更优的报销比例设计，并参考住院报销，取消门诊报销封顶线，门诊和住院共用个人最高自付限额。③

为此，预计随着各地区门诊统筹改革的持续深入，门诊报销起付线、封顶线和报销比例持续优化，将为牙科非住院诊疗费和药费报销提供更大的报销空间，社区卫生服务中心等社区医疗体系作为一级医院，享有更高的报销额度，能够满足更广大的社区居民，尤其是中老年居民的牙科诊疗保障需求。这对传统的民营牙科诊所造成了巨大冲击，而在以往的医保诊

---

① 付晓光，刘小茎，柴培培，等. 职工医保门诊统筹待遇设计现状与启示[J]. 中国卫生经济，2023，42(12)：21-22，120.

② 何文，申曙光. 门诊统筹改变了农村中老年人的医疗行为吗？——来自医疗保险微观报销数据的经验证据[J]. 农业技术经济，2022(9)：74-87.

③ 于保荣，张琼，郑艺慧. 未来 5～10 年中国医疗保障待遇设计的改革思路[J]. 卫生经济研究，2024，41(2)：19-22.

疗体系下已经形成的庞大的民营牙科诊疗体系承载了大量的居民牙科诊疗服务需求，打破已经形成的庞大的民营牙科诊疗体系既不合理，也不现实。在新的制度变迁过程中，统筹推进牙科诊疗体系供给，优化产业集中度和行业发展模式是一个必须要面对的演化过程。同时，对于民营牙科诊所而言，要实现个体的竞争优势塑造，与更好服务更广泛的客户群体的发展诉求，就要在制度变迁的"夹缝"中找到一个过渡性的发展格局和着力点，要积极拥抱医保制度改革和分级诊疗制度，归根结底，就是要更好地服务社群，兼容私利与公益性，探索组织的新发展模式。

2. 社会企业与社区服务

社区服务与传统的服务供需市场不同，具有受众群体老龄化、需求多样性、服务目标稳定性差等复杂性特征，同时，由于需求量大、多样性强且复杂，对社区服务的供给的边际成本有可能是不降反增的，仅仅依靠市场的力量无法满足规模性生产与供给模式，需要政府力量的补充。同时，社区作为社会稳定的基本点，也是政府服务的主阵地之一。但仅依靠政府服务，显然是不足的。① 同时，随着公众需求层次的提升，社区居民对服务质量提出了更高的要求，社区服务需要不断创新，这就要求社区服务的供给模式进一步创新，政府正在试图通过多重助推策略，购买社区服务，以多元主体供给满足社区服务的创新需求。② 对此，社会企业具有兼容私利与公益的双重属性，在构建共建、共治、共享的社会治理格局的新时代，针对社区治理的复杂性，社会企业具有更好的社区嵌入性③，能够通过自上而下的项目式参与、自下而上的耦合式参与和上下联动的应急式参与嵌入社区治理，塑造参与社区治理的多元形态。但是对于社会企业而

① 邱一鸣，杨宏山. 社会企业视角下的社区养老服务运营模式——基于北京市社区居家养老服务的案例考察[J]. 北京社会科学，2023(9)：95-102.

② 朱志伟，宋言奇. 政府推动社会企业参与社区服务的行动策略与逻辑——基于 C 市 W 区的实证考察[J]. 中国社会组织研究，2023，25(1)：62-81，205-206.

③ 杜德安，崔月琴. 社会企业参与社区治理的模式研究——基于组织印记与社区嵌入性的考察[J]. 中国非营利评论，2023，31(1)：1-19，292-293.

言，参与社区治理要面对一系列的制度拉扯和行动拉扯，既是机遇，更是挑战。① 亟须通过政府的努力和积极引导，在理论契合下推进实践契合。对此，成都市将社会企业纳入城乡社区发展和治理主体多元化的改革进程，探索发挥社会企业主体功能，盘活社区资源、增强社区财力、扩大社区参与、丰富社区服务的新尝试。在发展导向和实践方向上给出了指引。② 随着社会企业参与社区治理实践的持续深入，医疗卫生类社会企业参与完善基层公共卫生服务体系的实践应运而生。医疗卫生服务的公益属性与社会企业发展具有天然契合性，医疗卫生社会企业体现出了普通民办医疗机构不可替代的政策优势、创新优势和服务优势，能够解决社区医疗服务中心等基层医疗机构服务质量不高、数量不够、专业人才不足的现实困境。③

实事求是地讲，目前我国社区医疗服务中心等基层医疗机构普遍面临投入少，人员专业化程度参差不齐，普遍是中专学历等专业化程度不高等现实问题。对正规医学院毕业的学生而言，到基层医疗机构既没有待遇，更无法学习到高水平的医术，在专业发展和职业发展上都没有前景。随着经济发展进入新常态的中低速发展期，也没有爆炸式的资源投入改变基层医疗机构发展的窘迫境遇。这为医疗卫生社会企业的发展提供了生存空间，即在基层医疗机构服务专业化不足、高水平医院供给能力有限的双重夹缝间，基层医疗专业化服务市场存在生存空间。同时，面临分级诊疗制度改革和门诊统筹制度改革的新变化和新趋势，医疗卫生社会企业必须要与拥有更高报销比例的社区医疗服务中心等基层医疗机构展开竞争，在专业化服务和价格竞争的夹缝中突围。这就要求面向社区医疗服务的政府采购政策对医疗卫生社会企业参与社区医疗服务一视同仁，以政策保障支持

---

① 崔月琴，杜德安. 社会企业参与社区治理的路径及实践困境研究——以Z集团S社区居家养老服务中心为例[J]. 福建论坛(人文社会科学版)，2023，2(2)：174-186.

② 朱耀垠，尔古玛玛，夏璐. 发挥社会企业参与社区治理的积极作用——基于成都市社区社会企业的案例分析[J]. 社会治理，2022(6)：86-94.

③ 王胡林，杨阳. 医疗卫生社会企业参与完善基层公共卫生服务体系的理论逻辑与实践路径——以成都市为例[J]. 决策咨询，2022(1)：69-71，75.

并培育更多医疗卫生社会企业。

(三)路径分析

1. 制度"夹缝"孕育社会创业

微乐口腔的社会创业行为是典型的制度"夹缝"下的策略选择,即创始人夫妻对于创办民营口腔诊所具有创业资源和技术资源,门诊医疗制度改革和分级诊疗制度使得民营口腔诊所必须要向社区诊疗的公共服务定位靠拢,以更高的公益性和更精准的社会服务能力来获取医保制度改革的政策倾斜和体制认同。要兼容公益性和民营口腔诊所的私利性,在组织形态上,相对社区服务中心的严格审批和更高昂的沉淀成本,选择在创办之初就确立社会企业组织定位成了最优选择。

李先生曾明确表示:"有自己的医生,做口腔诊所,还是有得做。龙王塘附近居民很多,口腔诊所很少,正好在这附近有套房子,跟邻居们聊起来,感觉在小区里开个仓买(小超市),在临街开个口腔诊所,还能挺有市场的。主要就是服务社区邻里的需要。这种熟人生意,做起来也挺有意思的。"

高医生多次提道:"在美国,口腔诊所也是更多地面向社区,牙齿问题不是大病,但要治疗得及时,就需要建档跟踪,需要更细致和更及时的社区服务模式。但社区医院没有专业的医生,设备也比较简陋。所以将口腔诊所开办成兼具公益性质的社会企业,倒是一个不错的方式。既有公益性,又能保持专业性(企业会有更好的收入和更明确的发展路径)。"

随着新冠肺炎疫情后外资外贸和实体经济的实质性下行,新常态和新发展理念将进一步实质性地影响发展方式转型,传统的企业化的扩张模式难以为继,让事业"慢下来"扎根于当代创业者的内心,他们也渴望让事业慢下来,让生活慢下来,让创业慢下来,根植于社区,创立混合属性的社会企业也符合此时创业者内心的诉求。

李先生曾明确表示:"现在实体经济太难了,今年公司分红很可能就不分了,现在其实就是应该慢下来了,越快越错。"

高医生也曾表示："做社会企业应该和在公立医院差不多，都是事业性的，但医生也应该有个行业规范的合理回报，如果赚钱了就用来加大宣传力度，让更多的人了解社区医疗服务社会企业，能让更多的专业医生来（社区医疗服务社会企业）工作，其实比单纯做企业，追求更高的回报更好。"

在制度变迁和制度环境的"夹缝"中，微乐口腔的社会创业应运而生。与沃土工坊的自觉实践和冰山慧谷的国有企业功能孵化不同，微乐口腔的社会企业化实践是在制度"夹缝"中孕育而来的。这与欧洲慢速增长和高雇主风险环境下社会企业的全面开花高度相似。在专业化的资本积累下，创业者面对制度环境的挤压，释放出了社会创业的种子，并在制度变迁的导向和约束下，迅速开花。李先生在创立之初就率先确立组织定位和组织发展使命，以使命为导向，以专业化为基础，以社会企业形态，创办了微乐口腔社区医疗服务社会企业。

在组织定位和使命确立的基础上，微乐口腔的经营目标就与以往的企业化创业不同。李先生表示："想媳妇的工作能慢下来，有较好的财务流水，赚的钱合理够花，不需要快速积累收获成本和开新的连锁门店。"

在人力雇用和作息时间上也形成了比较鲜明的社会企业特色。李先生经常会趁着工作闲暇，去旅顺大菜市购买家用生活物品和食品的过程中，给员工们买点小橘子、小零食。价格虽不贵但大家在一起十分快乐，按照李先生的原话是："干这种买卖，关键是要大家都乐呵。"

从装修到初始业务的开展也充满了温暖。李先生没有以三十万元的价格接手因为新冠肺炎疫情而经营不善的已经装修好并且有固定客源的连锁口腔门店，反而花了三十五万元，重新选址装修了一个新的具有社区体验感的门店，重点改造了生活用水和门店前的宣传栏。以社区常见的居民喜闻乐见的形式设计了门店的装修、功能区划分以及业务栏的宣传模式。面对社区老年群体带着孙子孙女看牙经常会提出的报销问题，门店可以通过专门的展示板和功能区为社区居民介绍牙科报销范围，以及牙齿健康的相关知识。

在最初的客源上，也是通过邻居体验和"人传人"的方式进行推广，获得了很好的宣传效果。邻居王先生在表明其邻居的身份后，高医生按照成本价增加15％劳务成本的价格为王先生提供了多颗牙齿的种植服务，价格仅为三甲口腔医院的40％。

微乐口腔通过以上社会创业行为，真正地做到了服务社区、服务社群。以合理的专业技术服务收益，非营利性的成本核算和定价模式，更好地嵌入到了社区医疗服务体系，将"做中国社区牙科守护者"的社企使命做到了实处。并以自身实践去了解社区医疗服务真正面对的问题，以各类形式建言献策，通过民主党派和人民政协等渠道向有关部门及时反映了作为新业态从业者的感受和社区居民关切的问题。真正形成了对社群、社会、医疗与政府有关部门的纽带联系。

2. "夹缝"下发展形塑社会企业

实际上，纵观微乐口腔作为社区医疗服务社会企业的社会创业行为，并不是微乐口腔最初的创业设想。而是在制度"夹缝"下组织的策略选择。而这种策略选择本身就是一个典型的制度环境下组织发展的形塑过程。如果按照传统民营口腔诊所的模式，服务定价更高、客户开拓成本更高，短期经营以一年半的行业平均成本回收期计算，经营压力较大，且面临接续连锁模式的中长期持续投资。在当前的经济大环境下，选择这一模式既不现实，也会让创业者充满不适感。这种不适感来源于"予取予求的不可得"，只有从根本上转变组织定位和发展模式，才能在根源上解决"予取予求的不可得"这种企业经营的战略性失误。在实际经营中，一旦出现战略性失误，将会出现流动成本增加、固定成本回收期计算错误等问题，综合导致资金断链的系统性风险。而这种问题在2023年不停地发生在每一个创业者的身边。制度环境变了，认知和模式必须要随之变化。虽然微乐口腔在创立之初就明确了社会企业的定位和发展使命，但社区医疗服务社会企业到底应该怎么经营，如何设计组织架构，如何选择相应的推广模式、定价模式都没有一个可参照的样本。只能在实践中摸索，而这一摸索过程，恰恰就是在制度"夹缝"下发展的组织形塑过程。

与传统的民营口腔连锁企业既定的组织架构、经营模式和定价模式不同，高医生曾明确表示："做社区口腔诊所跟以前在连锁口腔和专业美容机构都不同，做社区口腔诊所，定价基本上是规范的，参考三甲医院口腔科的定价，更大规模、更好设备定价的附加值就能更高；在业务推广上，通过大众点评、抖音和连锁企业宣传等形式推广，并根据口腔诊所的规模、工作难度来确定折扣，一方面价格好确定，另一方面也能通过这样的模式来开展业务、推广业务。"但做社区医疗服务就完全不同，"参照以往的定价模式和推广模式明显是不可行的，就像刚才来的这个小女孩，她奶奶带着她，要是需要的钱挺多的，她就会把孩子带回家，等她爸爸妈妈决定，但孩子的爸爸妈妈一忙起来，一些小问题就暂时不处理了，你看像这颗牙，上次来的时候处理要比现在更容易，其实费用上差不多，只是我更难处理了，小孩也更遭罪了。做这种社区业务，推广更多的要以居民能接受为前提，小毛病就小治疗，收个基本的专业服务成本，大毛病就得先说清是啥问题，建议跟孩子爸爸妈妈或者家人沟通，看看要采取什么方案，如果来我这里治疗，大致是一个什么样的费用和治疗周期。"高医生如是说。面对作为邻居来咨询种牙业务的王先生，其定价和业务推广也极具特色。李先生微笑着表示："王哥是朋友（邻居），来看牙时，牙齿问题已经非常严重，其实我们都能理解就是因为种牙太贵，而且需要种的牙有好几颗，所以问题才会拖得这么严重。这种情况下其实（王先生）对治疗和种牙的费用已经比较了解了。我们的报价也挺简单，按照次优的国际品牌，能用得住也不错的材料，加上一个合理的专业服务成本，给王先生报个价。如果只解决最严重的问题，然后只种一颗牙，就按照40%的专业服务成本确定综合成本来报价；如果四颗牙都种，那就按照15%的专业服务成本确定综合成本来报价。结果显而易见，王哥肯定会把问题一次性解决。"这种理解式的业务推广和定价模式非常具有社区文化特色。

在选址上，有一定规模的民营口腔医院和连锁口腔诊所往往会选择在三甲医院旁的位置，接收从三甲医院流出的客群，偏向于美容性质的民营口腔医院则会选择在区域中心和交通枢纽附近的位置。而作为社区医疗服务的社会企业选址则要临近居民生活中心，与药店、银行、饭馆相连。这也是微乐口腔在确定了组织定位和发展模式后，没有选择以更低的造价接手客群相对稳定的连锁口腔诊所门店，反而选择以高出 10%～20% 的综合成本进行了全新的选址和装修的重要原因之一。与此同时，在组织架构上，微乐口腔只有两个常驻医生和一个在矫形正畸领域有丰富经验的非常驻医生，还有两位在社区范围匹配的与社区居民比较聊得来的护士。

按照李先生的话说："两位护士都很壮实（搬搬抬抬甚至比李先生还有劲）。但就得这样的，发个传单，有点儿啥活，在她（其中一位护士）爸的饭店就发了，门口大爷大妈买菜路过，小推车直接就给拎进来了。我们这也没有啥年轻人啊，大爷大妈反而喜欢这样的。"

对此，高医生也表示："这样（这样的护士）多好啊。我们这有三个治疗间，配套了三台全新的座椅和设备，还有一个东软医疗也用的国内知名品牌的全新 CT 设备。种牙、矫形正畸都能做，但主要是一个小大夫常驻，我平时也在。有一个专业的矫形正畸医生，有自己的私活，就带过来，另外，我这如果有这方面的需求，也找他来。这样成本低，常驻的专业医生是我自己，小医生在我这跟着我学技术，学好了，他走了，我再招个小医生，这样怎么都赚钱（门店赚钱）。"

这种人力组成，在人员关系、分工与组织架构上极具随意性特点。但对于面向社区医疗服务的专业化机构，恰如其分。业务推广效率、定价模式、管理效率甚至是组织内部员工之间的关系建立都非常有效。微乐口腔的流动成本主要由房租、水电、耗材和人员开支构成，在社区，房租并不高，人员开支也在特定的经营模式下保持着一个可控的低位水平，水电和耗材是流动成本，但同时也能反映出销售额，通过低成本和特色的推广和定价模式，微乐口腔实现了稳定经营和发展。其与传统的口腔连锁机构的经营模式、组织方式、组织架构完全不同，是一种典型的在制度"夹缝"下的形塑和自然应对的结果。

(四)制度探讨

1. 基于专业化的社会创业

微乐口腔作为社区医疗服务的社会企业，是典型的在制度"夹缝"中孕育而生的社会创业行为，以及在"夹缝"下发展形塑而来的社会企业。微乐口腔之所以能够在"夹缝"中创生，在"夹缝"下发展，高医生作为社会创业的专业性核心作用不可忽视。假设微乐口腔的专业团队中的核心成员，需要以成本的形式体现在财务报表中，微乐口腔就需要更大且更稳定的财务报账，这就需要提高定价或增加客流，对于社区医疗服务而言，两者都不现实。社区医疗卫生服务反而要根据客群特点来定价，作为约束条件，来调整经营架构和经营策略。而高医生作为微乐口腔的技术支柱，仅核算实际收入，不作为成本进行核算，对微乐口腔的发展至关重要。从微乐口腔的案例不难看出，作为社会企业，这种小而温馨的发展模式，对创业者的专业化要求更高。在沃土工坊的实践中，郝先生也是典型的技术型社会创业者，并且扎根技术支撑社会创业的现象不止于此，具有广泛的代表性。

从欧洲实践看，社会企业的高度发展模式，源于欧洲制度体系对雇主的严格要求，雇主要承担被雇用者的高昂人工开支，不能随意解雇雇员，同时还要接受欧洲制度体系对员工制定的福利保障和休假保障，以家庭为单位的社会创业模式实际上也是在制度"夹缝"中应运而生的。这与制度对组织架构、经营模式的形塑完全不同，这只是制度"夹缝"下市场主体求生的策略选择，甚至是唯一选择。

随着"内卷"一词被广泛讨论，"躺平"被赋予了更多的理论和实践内涵。"躺平"不是任人踩踏，恰恰是制度环境下一种求生的新的状态。在我国，高收入和高利润往往是以高产出为代价的，高产出和高消耗只要有一部分超额利润就能带来高利润，我们实际上是在通过专业化的规模效应所内生的边际成本降低来获取部分利润，产生了高利润的感受。如果把生产周期和销售周期拉长，很有可能利润回报会更高，只是在同一时间点，相对更少的利润让我们有了富裕感。但随着经济环境变化，社会建设逐步完善，专业化人士选择以"躺平"的方式更好地融入社会化发展，从中长期的更宏大的人生视角出发，人的创造力、人的幸福感都并没有实质性的下降，反而存在改善。避免"内卷"并不是任人践踏地"躺平"，而是一种新的发展方式，对于个体而言，就是一种新的生产生活方式。而这恰恰就是基于专业化的社会创业的重要来源。

从营商主体财务成本构成的层面出发，专业化是营商主体发展的竞争优势和重要生存保障。基于专业化的社会创业行为，一方面能够为社会企业提供核心竞争力，另一方面也能够极大地优化财务成本。让专业化的关键个体与组织发展相统一，组织发展可以根据个人的倾向选择慢经营，同时，组织的慢经营也能够满足关键个体的收入需求。同时作为专业性的劳务报酬，能够被计入综合成本。相对市场化标准，社会企业经营得好，员工和承担专业化劳务的创始人也能够获得市场化的劳务收益，以更舒适的工作状态获取市场化的劳务收益，本身就是劳务收益的优化过程。同时，不会影响社会企业的稳健性。分红能够以增资扩产等方式转化为资本公积金，能够通过转让等形式成为社会创业者的资本所得。在规则规范上符合社会企业的发展模式，在激励约束上能够有效支撑社会企业的短、中、长期发展。

目前，越来越多的专业人士在面临薪酬骤降、工作要求提升的双重压力下，选择通过基于专业化的社会创业，回归田园、回归社会与家庭、回归慢生活。这既为我国近三十年培养的数以千万计的高学历、高技术人才提供了更多元的生产生活选择，也为广泛的社会创业和我国经济与社会协调发展提供专业化的人力资源和人才保障。微乐口腔作为社区医疗服务社会企业的战略选择，恰恰也是这一趋势的具体反映。基于专业化的社会创业将走上新的历史舞台，成为我国社会创业和社会企业的重要来源。

2. 基于低机会成本的闲暇社会创业

"内卷"并不是近年来才有的社会现象。只是在过去四十多年，我国经济高速增长，机会很多。"内卷"能够获得巨大的经济回报，在回报与付出两者相权衡的情况下，获得感能够支撑巨大付出，"内卷"的感受就不明显。而实事求是地讲，2023 年以来，我们发现经济的新常态真的到来了。创业者与企业家们的精力投入的机会成本极低，同时，抗风险能力反而有所提升。专业人士拥有更多的闲暇来进行社会创业。

与此同时，创新、协调、绿色、开放、共享的新发展理念深入人心，社会环境更加开放、包容，人们买房买车的压力更小了，融入社会化发展大局的意愿更强烈了。在幸福感和舒适感下奋斗，不只能够让人生更加丰富多彩，社会企业和社会创业行为往往也更加符合创新、协调、绿色、开放、共享的新发展理念。与国家战略和外部制度环境相契合，往往会让事业与制度环境实现同频共振，获得意想不到的发展和收益。这也是广大专业人士、创业者和企业家选择社会创业的重要原因。

对欧洲社会企业蓬勃发展的实践进行再审视，也不难发现，欧洲经济的低速发展恰恰是欧洲社会企业的蓬勃发展和全面开花的时代背景。虽不能臆断，但一个经济体由慢向快的发展期，机会成本更高，社会化创业必然更少；而经济体由快向慢的发展期，按照奥肯定律，失业率会成比例提升。奥肯定律主要是用来描述 GDP 变化和失业率变化之间的一种相当稳定的关系，即 GDP 每增加 2%，就业率大约上升 1%；相反如果 GDP 增速降低 2%，失业率就会上升 1%。奥肯定律源于 20 世纪 60 年代对全球主要经济体的数据统计。然而，哪怕我国能够跳出奥肯定律的历史认识，面对经济增速的实际性下行，收入和就业的同步增长也是非常困难的。面对经济增速、行业发展、收入和就业的潜在下滑隐患，机会成本更低，社会创业就有可能会增加。目前我国实际上就面临着中速甚至低速的发展换挡期和增速新常态，结构性的紧缩在行业的特定环节就会被放大，从而直接造成市场主体感受的寒冬。市场主体渴望拥抱暖阳，认同低速增长带来的营商主体发展方式的转变。由此，再回溯"内卷"与"躺平"，这往往是与经济增长相关联的被动的选择。

微乐口腔的创始人具有十二年的创业经历，是业内的知名草根创业者。融资和财务支出超过亿元人民币，时任国家总理李克强同志也曾亲赴其团队调研。作为社区医疗服务提供商，因为机缘巧合，在创立之初就确立了社会企业的角色定位和"做中国社区牙科守护者"的组织使命，并以"做您身边的社区牙科专业服务"为宣传口号，绝不是头脑一热的冲动选择，而是深思熟虑后，与环境的深度契合。当得知社会企业是什么后，果断选择以社会企业的定位来探索微乐口腔的社会创业行为，并在外部制度环境的"夹缝"下迅速形成了稳定的经营模式、组织方式、组织架构和定价模式，看似随机，但却是外部制度环境"夹缝"下由内而外的组织发展与由外而内的制度形塑的唯一选择和必然结果。简单来讲，微乐口腔社会创业的策略选择实际上就是一种基于低机会成本的闲暇社会创业的自然结果。而这种结果恰恰蕴含着深刻的制度逻辑、环境背景和深层原因。

(五)小结

1. 主要结论

微乐口腔是典型的"制度夹缝"下偶发型的社会企业，创办微乐口腔的初衷一方面是给创始人的妻子解决专业化就业问题；另一方面也是面对不景气的数字化行业，开拓新的财务流量健康的实体业务板块。仅仅是一次偶然的聚会，社会企业的发展理念得到了创始人的认同。面对门诊诊疗制度改革和医疗分诊制度改革的新形势，创始人果断选择了社会企业的角色定位和发展模式。与沃土工坊的自觉式发展和冰山慧谷的国有企业功能孵化不同，微乐口腔是典型的由制度"夹缝"孕育而来的社会创业行为，通过"夹缝"下的实践形塑了社会企业的发展模式、组织方式、组织架构和定价模式，由内而外的社会创业行为和由外而内的外部制度环境共同塑造了微乐口腔作为社区医疗服务社会企业的发展模式。

通过对个案的理论分析及相应的制度探讨，得出以下结论。①随着经济增长进入中低速的新常态，新的时代背景和新发展理念将会成为社会创业的肥沃土壤。②微乐口腔社会创业所反映出的基于专业化的社会创业行为具有制度逻辑和实践逻辑的必然性，需要得到有关部门的重点关注，并根据这种新的现象来优化相应的政策设计。③偶发型的社会创业更能够反映出制度变迁的逻辑内涵，揭示环境背景及其蕴含的深层原因。

2. 理论贡献与实践启示

本部分明确提出了"制度夹缝"下偶发型社会创业的新现象，从发展模式、组织方式、组织架构和定价模式等多个视角出发，挖掘、提炼和研究了偶发型社会企业的生成与发展路径。这一现象和理论洞察的背后有深刻的制度逻辑和环境背景，能够从侧面反映出 2023 年以来，实体经济的实际紧缩和结构性下行。专业人才、创业者和企业家正在调整各自的发展逻辑和实践认识，并且这种发展逻辑和实践认识上的调整已经反映在其创业行为上。这种主动性的适应、调整和接纳，应当得到更多的关注。他们既是社会创业的主力军，同时也需要得到关怀和保障。在"先立后破"的治理导向下，对于社会创业和社会企业的高质量发展应当投入更多的精力，更多的研究资源和更大的政府资源。通过优化政策制定，建立健全宣传机制和保障机制，引导创业者、企业家和各类专业人士投入到社会创业事业中。通过鼓励和正确引导社会企业参与经济社会发展，践行创新、协调、绿色、开放、共享的新发展理念，更好支撑和融入中国式现代化的发展大局。

第三章 社会企业融入中国式现代化的政策设计

一、加快社会企业高质量发展的合法性赋能

(一)营造适宜社会企业高质量发展的社会环境

从理论分析上看，社会认同是现阶段社会企业合法性的重要来源，迪马吉奥和鲍威尔等人在对制度约束方式的经典分析中，提出了三种合法性约束的机制，强迫性机制、模仿机制和社会规范机制。按照高丙中(2000)[①]对中国民间组织生存发展的合法性分析，法律以及政府行政规范对应着强迫性要素，社会认同则对应规范性要素。在中国，社会组织通常具有一方面的要素认同就可以在制度环境下解决自己生存所需的合法性问题。由于在中国，很多社会组织的合法性基础实质上是来源于风俗、文化等社会认同。社会企业作为新生事物，面临着广泛的法律合法性、政治合法性和行政合法性的制度性缺失问题，通过社会认同获得组织在制度环境下发展所需的合法性基础更加现实。前文的案例也能够反映出来，社会企业能够通过组织行动的功能有效性来生成并累积合法性，来自主要关系网络的社会认同既能够作为组织合法性的重要来源，也能够支撑社会企业在初创期的生存发展。

从国家治理体系和治理能力现代化的高度看，虽然学界对于以商业形

---

① 高丙中. 社会团体的合法性问题[J]. 中国社会科学，2000(2)：100—109.

式实践公益主张仍存在较大争论，但是学界对社会企业的研究也基本存在一个普遍共识，即社会企业是连接社会与市场的重要力量，从国家、市场与社会关系再平衡的角度看，西方发达国家的实践已经表明，社会企业相对企业，可以承载更多的社会责任，是政府对市场与社会再平衡过程中可依托的重要力量和协调市场与社会关系的积极因素。为此，政府有必要在绿色发展的新格局下形成发展共识，加大支持和切实推动中国社会企业的本土化发展。

从现实情况出发，随着中国经济增长速度放缓，社会企业和急需塑造造血能力的社会组织的生存和发展的制度环境必然出现新的变化。中国社会企业的本土化发展本身就是一个发展的议题，其发展过程实质上就是一个在中国现阶段政治的、经济的、社会的综合外部情境下的生存实践，是中国特色的现代社会企业的塑造过程。中国社会企业本土化发展既要充分借鉴欧美及亚太地区社会企业发展与培育的先进经验，更应当立足于中国情境。社会企业不是为社会组织"造血"和"输血"的渠道，而是发展赋予的一种既定的合法性形态，这种形态能够解决传统社会组织的自身"造血"机能匮乏的问题。社会企业不只是一种发展模式，更是一种发展的既定认知。通过形成发展的旗帜性的既定事实来进一步助推中国社会企业本土化的全面发展，务实推进中国社会企业本土化发展进程，形成被广泛认同的社会现实，从而以更广泛且更深度的社会现实促进制度环境的重塑。中国社会企业的本土化发展能够有效改善经济社会发展的双重福利。为此，建议政府、广大的社会企业、学界与业界能够共同为社会企业营造其生存实践所需的良好的社会氛围，改善中国社会企业本土化生存发展所面临的制度环境。

按照迈耶、罗恩、杰普森、斯科特等人对于制度、制度环境、制度影响和公共秩序等问题的思考，建议可以从价值理念、文化和公共秩序等多个维度加强对合法性基础的环境营造。结合高丙中对中国情境的经典分析，可以从政治合法性和行政合法性两个维度对价值理念和公共秩序进行重塑，例如：加大价值理念上社会企业发展的公益性标签，为社会企业提供正能量的宣传支持，加大政府购买向社会企业和社会组织的倾斜力度，营造社会企业本土化发展所需的良好的生存实践环境。更重要的是从社会认同的层面，通过宣传、引导和多维度的宣讲、推介与培训，让更多的社会公众认识到社会企业的发展标签、发展理念与新的发展形态。实事求是地讲，以电商为例，在英国，电商就是一种新的业态，社会公众相对缺乏对电商平台的广泛认同，人们对于新业态的接受都有一个从功能有效到局部认同再到普遍认同的过程。对一个新生事物的认同既是文化上的认同，更是一个认知习惯的形成过程。对于文化观念和习俗的培育过程确实存在复杂的现实影响。对于新业态的认知习惯的培养所形成的认同过程关键在于让更多的人接触到这种新的业态，通过接触而熟知，从而形成更广泛的社会认同。说得直白一些，社会企业生存实践的制度环境的合法性基础的环境营造实际上就是要让更多的人了解社会企业，更多的人接触到社会企业，只有通过更广泛的接触才能够形成更广泛的认知，从而影响传统文化和习俗的认知惯性。社会企业作为一种新的形态，在发展过程中难免出现新的问题，但发展是第一要务，只有发展了才能够形成新的社会事实，才能够让更多的人了解，从而影响更多的人的认知。为此，政府、学界、业界，尤其是广大的社会企业应当共同助力推进社会企业被广大社会公众所了解，通过社会企业自身的生存实践来获取社会公众的普遍认同，这一过程必须要通过所有相关方的共同努力才能够实现。

(二)加强政府部门对社会企业的合法性赋能

从制度学派的视角出发，政府部门的合法性赋能绝不仅限于工商登记等法律认定的范畴。政府部门的合法性赋能甚至也超出了高丙中对法律合法性、政治合法性和行政合法性的分析框架。合法性是一种身份的认同，更是一种规范的界定。对于新的社会现象和新的发展形态，规范化的社会企业发展对于获得社会企业自上而下的合法性赋能，以及在让更多的公众了解社会企业、接触社会企业的过程中，获得更好的功能体验至关重要。狭义地来讲，政府是一个权威形态，在中国社会企业本土化发展的过程中必然出现这样或那样的新问题，政府的合法性赋能是对发展的赋能，更是对发展中可能出现的新问题的约束和纠正，从而起到为社会企业以正视听、促进社会企业规范发展的作用。也就是说，政府对于社会企业的身份的界定、工商登记、合规经营的综合框架进行约束才能实现立体的合法性赋能。在发展过程中面对未知的新问题，更加立体的合法性赋能相对超越了在案例静态比较分析框架内的对社会企业合法性分类的界定。

从约束并保障中国社会企业本土化的动态发展的视角出发，社会企业首先需要一个合法性的身份界定，包括名称、特征和属性等；其次，社会企业需要一个完善的监管体制，监管体制内应该有明确的监管者、具体的监管条例和必要的相关者投诉通道；最后，至少需要政府主导构建一套社会企业的评价指标体系，并形成一个社会企业的评价制度，从而与社会企业的监管处罚机制相对接，形成完整的社会企业业态监管体系。通过构建覆盖社会企业全生命周期的组织合法性的基本制度性构架，来确保社会企业在完善的约束框架内运行。这才能够确保让更多的人了解社会企业并让更多的人接触到的是实质意义上的好的社会企业。通过基本的制度性构建来约束社会企业的规范化行动，让社会企业在一个强制性的框架内运行，从而保护公众及社会企业在行为互动过程中的基本权益。一个覆盖社会企业全生命周期的组织合法性的基本制度性架构也有助于保障在强制性框架内形成符合规范要素和社会认同要素的模仿机制和社会规范机制，从而形成更全面的组织合法性作用机制，保障并有效促进中国社会企业的本土化发展进程。

(三)构建社会企业外部支持生态系统

欧洲早在十余年前就已经探索构建了较为系统的社会企业外部支持生态系统，对不同时期的社会企业需要何种外部支持积累了丰富的发展经验。建议在推广成都模式的基础上，借鉴欧洲社会企业外部支持生态系统的构建思路，探索构建符合中国社会企业本土化发展实践的外部支持生态系统。

图 3-1 是基于 27 个欧盟成员国社会企业发展实践及政策实践，提出的

一个社会企业外部支持生态系统架构图。建议在充分借鉴如图 3-1 所示架构的基础上，探索建立中国社会企业外部支持生态系统的基本架构。

图 3-1 社会企业外部支持生态系统的基本框架

由上图可见，欧洲的社会企业外部支持生态系统主要包括六个组成部分：一是国家法律政策体系；二是服务社会企业的商业策划网络；三是社会企业的同业互助平台；四是社会影响力投资市场；五是影响力评估报告体系；六是社会企业标签认证战略。具体内容如下。[①]

支持社会企业发展的国家法律政策体系主要包括：国家在立法层面给予社会企业专属的法律地位及制定的相关法律法规，为社会企业"正名"并使其行动有法可循，有效加强其组织身份的内外部认同、日常运行的规范及利益相关者的关注。政府还着眼于地区经济环境和实际发展需要的差异，出台有针对性、时效性的政策条例为社会企业发展提供必要的扶持和引导，包括税收优惠、开放政府购买服务、商业策划等各方面。政策法规体系的建立及完善需要由政府主导，基于本国社会背景和社会企业发展需

---

① 罗杰·斯皮尔，梁鹤. 论社会企业的外部支持生态系统[J]. 江海学刊，2018(3)：32-37.

要，制定出系统性规划，不仅为社会企业的发展优化制度环境、提供方向引领，同时便于国家监管及调控。

服务社会企业的商业策划网络主要是举办社会企业会议论坛、行业竞赛、表彰大会等，辅助提升社会企业的知名度，促进知识共享和企业间相互学习，推动社会企业文化的广泛传播；创建及维护专家网络，为社会企业提供法律、财务、商业模式、管理技巧等方面的专业咨询服务，重点关注起步阶段的社会企业成长需求；由商业机构联合政府成立社会企业孵化组织，设立专项基金，开设专项课程培育准社会企业家并为准社企提供资金扶持和准入便利；提供优惠贷款、社会影响力债券等，协助社会企业融资。

同业互助平台多是由社会企业家自发联合成立的互助组织，其支撑功能以意大利社会企业联盟为代表，一方面开展经验交流、商业合作、专业培训、信息共享等同业互助活动，并共同商讨重大问题的解决策略；另一方面通过联合的形式游说政府机构改善政策环境，参与政策制定，为社企发展发声，争取共同利益。

影响力评估报告体系和社会影响力投资市场相辅相成，影响力评估报告体系是社会影响力投资市场的重要基础，社会影响力投资市场是影响力评估报告体系的价值体现。德国社会影响力报告倡导组织制定的社会影响力报告指标主要包括：社会问题的重要程度；社会问题服务的总体情况；投入、产出、成果及社会影响；组织及资金投入情况。社会影响力投资则是指在对组织社会产出和经济产出双重目标的成果评估考核前提下，指明哪些社会企业更具备投资价值。社会企业作为兼顾社会、经济目标的创新类组织，长期以来，除自营收入外，既需要投资更需要公允的投资指引。在充分的评估评价基础上，可根据社会产出和经济产出的不同形式和比例，匹配不同的投资者、投资项目及受资助组织。根据英国社会影响力工作小组的研究报告，社会影响力投资市场的建构为社会企业提供了广阔的融资渠道，在充分的评估评价基础上，社会企业的资金来源渠道可以更加丰富和多元化，包括政府、基金会、地区专项基金、银行、企业及个人；融资工具则包括贷款、慈善债券、社会影响力债券、股权投资等多种形式。

社会企业标签认证战略则是指在售价无明显差别的情况下，鼓励消费者选择具有公益倾向的企业生产的产品或服务。对社会企业进行标准认证并为其生产的商品或服务添加特别标识，帮助社会企业拓展产品销路、对社会企业的商标品牌发挥宣传推广作用，也有利于大众公益慈善精神、道德消费意识的强化。同时，该战略亦能对社会企业起到反向监督作用。

以上政策支持面向社会企业的差异化发展阶段，表 3-1 是结合 27 个欧盟成员国社会企业发展实践及政策实践所形成的不同发展阶段的社会企业所需要的差异化支持策略。其中促销活动、网站建设、品牌建设、专业辅导、同业互助、能力建设顾名思义，育成中心及托管所主要属于基础设施建设的概念范畴，育成中心及托管所与企业孵化的模式比较类似，是将若干社会企业聚集到同一栋办公楼内，统一为其提供办公场地和其他支援服务。育成中心及托管所的设计并不只是传统企业孵化的孵化和加速的概念，更是通过物理边界的集群加强社会企业间的联系，产生在交流合作、发展氛围和共同的价值宣传上的集群效应，这超出了传统企业孵化上下游集群式发展的传统发展理念，并对传统的企业孵化器的优势加以利用，通过物理边界的集群为社会企业提供了更便捷高效的支持服务。

表 3-1　基于阶段性差异的外部支持策略

组织发展阶段	扩公众认知和知名度	商业经营思路开拓	企业规划及长远发展	社会企业家精神培育领导力建设	组织成长、规模扩张及发展模式复制
起步筹建阶段	促销活动、网站建设	社会企业育成中心及托管所支持	基本技能培养课程、咨询服务	培育课程、专业辅导与咨询、同业互助	不适用于起步阶段的社会企业
平稳发展阶段	品牌建设、市场营销	社会创新育成中心、研发项目	增强能力建设、战略规划能力训练	专业辅导、同业互助网络	连锁机构、合作及联盟战略、规模扩张、多元化趋向以至分拆

综合来看[①]，促销活动、网站建设、品牌建设是组织保障问题，专业辅导、同业互助、能力建设是市场化保障机制。虽然在不同国家和社会企业不同的发展阶段，对政策的需求存在一定的差异性，但组织保障和市场化保障机制都是社会企业外部支持生态系统的核心组成。中国社会企业的本土化发展在生命周期的不同阶段也必然会有差异化的阶段性发展需要，要为社会企业不同阶段的发展需要匹配不同的外部支持。在社会企业的初创阶段更需要与社会企业家培育相关的具体的孵化性支持；而随着社会企业进入一定的稳定发展时期，则更需要融资支持和规范化的能力训练。以欧洲社会企业外部支持生态系统为借鉴，要充分考虑到中国的现行体制机制和市场结构。在中国现行的社会企业评估报告体系、投融资市场结构、政府采购模式和人才培养体制的基础上，本章将进一步提出"建立'评宣认'相结合的社会企业评估报告制度""构建'产财金民·四位一体'的社会影响力投资市场""探索设立同一化的政府采购与同业互助平台"和"将社会企业人才培育纳入到国家创新人才战略"四方面对策建议，以构建在中国现行的体制机制和市场结构下符合中国式现代化发展导向和社会企业本土化发展需要的特色外部支持生态系统。

二、建立"评宣认"相结合的社会企业评估报告制度

随着社会企业在中国本土化发展的实践持续深入，社会企业认证成了识别组织身份、助力社会企业获得组织合法性的重要方式。2015年，深圳社创星社会企业发展促进中心开展了首届中国慈展会社会企业认定，形成了中国第一个民间性、行业性的社会企业认定办法。自2015年至今，对全国超过2 300家企业和机构及进行了社会企业认定。2019年，依托中国慈展会，建立了更广泛的社会企业认定平台（CSECC），以"帮助中国社会企业高效优质发展，推动中国成为社会企业强国"为使命，以"让社会创新有价值"为愿景，向社会企业提供"1＋6"服务，即社企认定、社企孵化器、

---

① 罗杰·斯皮尔，梁鹤. 论社会企业的外部支持生态系统[J]. 江海学刊，2018(3)：32-37.

培训、管理支持、传播、产品对接和社企金融服务。截至 2021 年底，完成认定的社会企业遍布全国 27 个省、自治区、直辖市的 47 个城市，领域涵盖环保、无障碍服务、社区发展、公益金融、养老、教育、弱势群体就业、农业、扶贫、互联网、公共安全、妇女权益等 16 个社会领域，关注19 类特定群体。社会企业认定平台还参与承担了成都市社会企业认定工作，并参与了北京市社会企业认定工作及顺德区社会企业认定工作，截至2022 年 7 月，共服务潜在社会企业超过 2 300 家，通过认定的各地社会企业达到 593 家。然而，作为中国最具影响力的社会企业认定平台，社创星中国慈展会社会企业认定并不是现有官方文件可追溯的最早的社会企业权威认定平台。2014 年，广东省佛山市顺德区就发布了《顺德区社会企业培育孵化支援计划》，从企业运营、利润分配、资产处置等多方面确定了社会企业的认定标准。① 只是认定范围和影响力非常有限，其中有一个重要原因是官方认定过早，社会企业的市场化发展还没有适应政府的高效转变，随着成都、北京相对更成熟的实践应运而生，学界和业界更加关注成都和北京实践，产生了顺德实践被较少提及，新入行的研究者也较少关注的"灯下黑"现象。

实事求是地讲，社会企业认定与评估经过近十年的探索，已经从组织目标明确性、收入来源独立性、利润分配规范性、社会效果显著性等多个维度建立起了相对完善的评估评价标准②，已经能够对中国社会企业开展规范有效的评估认定。并且，能够在评估认定的基础上，将发展与监管嵌入其中，探索了合法性机制的营造，形成了特色的外部支持体系。然而，不论是追溯到 2014 年的广东省佛山市顺德区的官方认定，还是具有行业广泛影响力的社创星社会企业认定平台(CSECC)，经过近十年的探索和实践，却依然缺乏在全社会范围的影响力。社会企业在中国的认知程度几乎

---

① 朱志伟，徐家良.迈向整合性认证：中国社会企业认证制度的范式选择[J].华东理工大学学报(社会科学版)，2021，36(4)：124-135.

② 邓辉，周晨松.我国社会企业的法律形式及其认定标准和路径[J].南昌大学学报(人文社会科学版)，2021，52(10)：66-77.

仅限于学术界和传统的第三部门工作范畴。大多数的人们对社会企业的主体地位都没有最基本的认知。随着成都、北京等地社会企业管理办法的出台，社会企业的注册、认定、评估和评价已经实现了从民间到体制内认证的权威性转换，但与政府、企业和非营利组织相比，社会企业的公众认知度依然极低。

目前社会企业认证的主办机构和主要学术团体包括：深圳市中国慈善会发展中心、北京师范大学中国公益研究院、深圳国际公益学院、北京大学公民社会研究中心、南都公益基金会、中国人民大学尤努斯社会事业与微型金融研究中心、上海财经大学社会企业研究中心和深圳市社创星社会企业发展促进中心。这些机构也或多或少地参与编写和出版过中国社会企业的年度发展报告，但截至目前，中国社会企业的年度发展报告仍然没有成为中国社会企业研究的权威性基础研究报告。作为专注社会企业研究的学者，都很难清晰地想到哪个社会企业年度发展报告应该作为研究生教育的必读材料。一方面有可能是笔者的认知有限，作为多本知名期刊的社会企业专题的审稿人对行业的了解亟须提升；另一方面也确实能够反映出中国社会企业认定与评价工作存在规范性和权威性上的短板。目前学界和业界对社会企业认定、评价的工作亟须与宣传工作联系起来。宣传与评估认定本身也是一体两翼的关系，评估认定是扩大规范宣传的基础，宣传也是评估认定的重要目的组成。脱离了宣传，评估认定就如无花之木，无果之树，不论生长得多好，也不会得到观看者的青睐。虽然任何一个新兴组织的发展都不是为了得到观看者的青睐，其内在使命重于外在形象，但一个新兴组织如果脱离了社会网络"独乐乐"，必将使得新型组织进一步脱离制度环境，陷入从无花无果到断水断根的无奈境遇，评估认定也就背离了服务中国社会企业本土化发展的初衷。社会企业作为一种利他的亲社会组织，必须要更好地融入现代社会环境。为此，中国社会企业的认定与评价必须要与宣传和常态化的报告体系相衔接。可以从四个方面来推动保障体制和政策体系的优化。

一是政府要承担起社会企业评估认定和推动社会企业高质量发展的主要责任。不论是从社会企业评估认定可追溯的文件中记录的历程还是认定评估行为的权威性上看，政府都要优于民间组织。目前，中国已经拥有多所国际知名高校建设了社会企业相关领域的专门机构和强大的民间认证评估力量。要通过进一步整合和强化社会企业认定平台（CSECC）等有影响力的社会企业民间认定平台、顶尖高校社会企业研究专门机构与官方认定相结合。通过事中、事后的评估评价与事前的社会企业注册相结合，解决社会企业监管的政府人力资源不足、缺乏资金投入等现实问题。形成在现有机制和资源保障下的全方位认定框架。

二是要推动认定评价机构与宣传机构相联系。一方面民间组织和高校专门研究机构要有意识地关注与评估认定相统一的宣传问题；另一方面政府要发挥其社会企业宣传的引领性作用，充分调动宣传系统和统战系统的资源优势，将社会企业的社会创新与青年创新创业工作相联系，将新阶层人士的认定、选拔与培养与青年社会企业家引育相联系，结合现行的青年创新创业工作和新阶层代表人士引育工作，以更少的新增工作量，将社会企业宣传工作嵌入到宣传系统和统战系统的常规工作中。同时，要鼓励各地电视台和电台，录制社会企业发展专题，宣传社会企业的发展典型，通过宣传社会企业家，与宣传社会企业形成互促。依托地方传媒开展地方性的社会企业家评选，有显示度的社会企业家在同等发展规模才中优先纳入人才评价和保障体系，加强宣传体系与社会企业评估认定体系的深度结合，以评估认定促宣传，以宣传促进社会企业的规范化、高质量发展。

三是建立常态化的"评宣认"相结合的社会企业评估报告制度。要鼓励和支持社会企业发展较好的地区，地方政府的相关主管部门委托或联系有行业影响力的民间机构以及知名高校的专门研究机构共同组成专题研究团队，开展常态化的年度社会企业评估报告专项研究，并定期发布集评估、认定为一体的年度社会企业发展评估报告。评选出具有代表性的 10 家社会企业，为社会企业提供年度发展大奖，评选出具有代表性的明星社会企业家。与宣传部门的相关工作相结合，在电视台和电台播出颁奖活动。充分调动网络及直播的平台功能，以科学、权威的社会企业认定评估为基础，提升宣传的深度和广度，以宣传为保障，让科学、权威的社会企业评估能够有更广泛的影响力，形成促进社会企业高质量发展的新气象。

四是构建"评宣认"相结合的社会企业评估报告推广体系。年度社会企业评估报告要与学术研究规范相统一，有明确的引用、规范的案例和代表性事件的详细说明，以便学者能够规范引用，开展相关的学术研究。形成有记录、可追溯、可对话的规范研究文献。在重视中文研究和宣传的同时，也要鼓励学者发表立足中国社会企业本土化实践的外文研究成果，形成社会企业本土化研究的新气象，通过学术推广和历史记录来构建年度社会企业评估报告的推广体系。要进一步加强和鼓励社会企业相关的案例教学，通过 MPA 和 MBA 体制，来系统推广社会企业的评估认定、发展与研究。让更多的有代表性的群体了解社会企业，掌握对社会企业发展理论和本土化发展路径的基本认识，为社会企业研究和评价提供更广泛的群体基础。在此基础上，向更广泛的青年群体，宣传社会创业，鼓励有志青年投身到社会企业和社会创业的时代洪流。

三、构建"产财金民·四位一体"的社会影响力投资市场

2013 年 4 月，在博鳌亚洲论坛闭幕晚宴上，社会企业研究中心发布了中国首份《中国社会企业与社会影响力投资发展报告》，报告指出，社会企业在中国的发展始自 2006 年，其发展历史还非常短暂，而且当时在国内也没有对社会企业的统一的定义和概念，真正具有规模和符合比较严格的社会企业屈指可数。相当一部分是由民间组织（NGO）转型而来，甚至有些社会企业在成立之初都没有把自己归入到社会企业的标签下，但确实自其成立就有明确的价值观导向。这一报告主要是介绍了社会企业这一组织创新形态和中国社会企业本土化的发展概况，并介绍了欧美许多国家正在兴

起的一种新的结合商业和公益的投资模式——社会影响力投资（impact investing）。[①]

　　社会影响力投资实际上就是一种新的社会创新工具，以综合价值理论、社会企业三角关系理论、合作治理理论为支撑。最早由洛克菲勒基金会正式提出"社会影响力投资"一词。影响力投资与传统商业投资有显著的差异性，影响力投资加入了社会和环境的考察因素，考察其行为创造的价值，而非能够得到的直接回报。影响力投资更加关注合作和多方参与。[②] 目前，国际上对社会影响力投资的研究也多属于概念性、理论性的研究。而且研究的关注点局限在对不同提升模式的特征与分布的描述性分析。[③] 社会影响力投资的提出不完全是针对社会企业，而是作为头部的投资公司，在新的时代变迁过程中，开始关注对一个主体中长期投资的内在驱动力，被形象地概括为一种特定的"战略"。通过考察价值创造、合作和多方参与来形成新的商业投资理念和价值评估模型。[④] 这种投资模式的出现恰好顺应了新兴慈善群体既追求慈善效应，又追求经济回报的趋势。

　　社会影响力投资参与主体的类型非常丰富，包括政府、投资基金、慈善信托和基金会、机构投资者和银行、公司、高净值人群，以及慈善机构和社会企业。从结构上看，也能够发现最初社会影响力投资基金的投资标的并不只有社会企业，反而是与政治关系和政治诉求表达息息相关。这种方式显然不适合中国的发展模式。与商业企业不同的是，商业企业往往以盈利和投资回报率来评价业绩，而社会企业的业绩评价需要考虑各利益相关者的利益，从而追求经济、社会和环境效益全面协调发展。由于社会企

　　① 罗曙辉. 首份《中国社会企业与社会影响力投资发展报告》发布[J]. WTO 经济导刊，2013 (5)：78.

　　② 刘蕾，陈绅. 社会影响力投资——一种社会创新的工具[J]. 中国第三部门研究，2017，14 (2)：21-41，181.

　　③ WEBER C，A KROGER，K LAMBRICH. Scaling social enterprises-a theoretically grounded framework[J]. Frontiers of Entrepreneurship Research，2012(19)：1-15.

　　④ HAN J，S SHAH. The ecosystem of scaling social impact：a new theoretical framework and two case studies[J]. Journal of Social Entrepreneurship，2020(2)：215-239.

业并非追求利润最大化，单一的财务指标不能准确计量社会企业所创造的价值。现有的商业企业绩效评估指标如果运用于社会企业，会低估社会企业投入资源的回报率。现有的解决办法主要是将社会价值货币化。但是社会企业涵盖的社会价值形式多，影响广，信息采集难度大，很难得到客观、准确的量化。在投资评价的实际操作中，主要关注"为更多人服务"①，"在新地域为新的受益人群提供服务"②，"更有效、更深入地解决社会问题"③，"改变人们的心灵、思想、价值观、文化行为，改善社会关系"④，"改变导致社会问题的政策、规定及法律等制度体系"⑤，"提升弱势人群社会福利，促进弱势人群就业"⑥等指标，但从投资实务角度出发，更看重的反而是投资标的还有哪些投资者和利益相关者。

　　在中国，社会企业的社会影响力提升则更加被关注，投资者对其自身能力建设和社会企业的业务增长情况关注较多，对知识传播的关注较少。⑦也就是说，目前在中国，社会企业面临着更多的生存危机，社会企业的影响力取决于自身的发展水平和能力建设，这使得针对中国社会企业的社会影响力投资也不可能脱离社会企业自身的生存发展来认同其社会价值，换言之，就是作为投资基金，不能单纯为了社会价值就去投资一个无法解决

　　①　BLOOM P N and A CHATTERJI. Scaling social enterpreneurial impact［J］. California Management Review，2009（3）：114-133.

　　②　ANDRE K and A PACHE. From caring entrepreneur to caring enterprise：addressing the ethical challenges of scaling up social enterprises［J］. Journal of Business Ethics，2016（4）：650-675.

　　③　ZHAO M and J HAN. Tensions and risks of social enterprises scaling strategies：the case of microfinance institutions in China［J］. Journal of Social Entrepreneurship，2020（2）：134-154.

　　④　MOORE M，D RIDDELL and D VOCISANO. Scaling out，scaling up，scaling deep：strategies of nonprofits in advancing systemic social innovation［J］. The Journal of Corporate Citizenship，2015（58）：67-84.

　　⑤　WESTLEY F，N ANTADZE，D RIDDELL，K ROBINSON and S GOBEY. Five configurations for scaling up social innovation：case examples of nonprofit organizations from Canada［J］. The Journal of Applied Behavioral Science，2014（3）：234-260.

　　⑥　CHO S and A KIM. Relationship between entrepreneurship，community networking，economic and social performance in social enterprises：evidence from South Korea［J］. Human Service Organizations：Management，Leadership&Governance，2017（4）：376-388.

　　⑦　余晓敏，张尊，夏豪宇. 我国社会企业的社会影响力提升模式及效果研究［J］. 经济社会体制比较，2023（1）：93-104.

自身生存问题的社会企业。虽然，这种关注其他投资者和利益相关者的投资模式在中国也非常广泛，但资本终究是要逐利的。在中国，推动社会影响力投资要依靠具有"耐心资本"特征的长期投资者，同时要构建发展的公益与私利"双底线"思维。① 这在目前的中国金融投资市场，显然是很难实现的。要在中国构建行之有效的社会影响力投资市场，必须要发挥政府宏观调控这只看得见的手的作用，并与中国现行的投融资体制高度匹配，更好发挥现行体制机制中的有利因素。

在中国，要构建面向社会企业的社会影响力投资必须要立足中国的投资体制和投资机构，面向产业资本、财政资金、金融机构和民间投资。这四种投资形态，分别来自中国一级资本市场的主流形态。产业资本是在社会企业所处的关联产业具有头部优势的产业资金，根据上下游和业务多元化的内在发展需要，对行业内具有发展潜质和影响力的社会企业开展社会影响力投资；财政资金是政府根据公共利益与服务采购计划开展的补贴与采购行为，通过专项补贴和采购对社会企业开展社会影响力投资；在中国的金融体系中，最基础也是最核心的金融机构虽然也是银行，但银行很难成为投资的主体，其投资更多以借贷的形式出现，传统金融机构中对社会企业投资的最重要主体是风险投资基金，风险投资基金根据自身的风险评估和投资偏好，对盈利能力较好、扎根细分领域、有较好成长性和社群认可度的社会企业开展社会影响力投资；民间资本主要是民营企业的自有资本和居民投资热钱，这些资本看似额度小、投资的专业水平不高，但民间资本往往具有闲置资金的特点，在新的历史时期，新兴慈善群体既追求慈善效应，又追求经济回报的趋势在中国也广泛存在，是社会企业社会影响力投资的重要来源。

2022 年 9 月 7 日，海南省金融发展促进会社会企业建设推进委员会以"发展社会企业，促进共同富裕"为主题，召开了全国首个公益性社会企业

---

① 刘蕾，邵嘉婧.社会影响力投资综合价值实现机制研究[J].中国科技论坛，2020(10)：150-159.

团体的标准发布会。根据国家标准制定规定的具体要求，高标准制定并发布了《公益性社会企业认证评级规范》团体标准。但这个标准的推出并未形成广泛的影响。主要原因是这种团体标准往往更适用于二级投资市场。而一级投资市场信息高度不对称，更具随机性。对"人"的信赖多于对"标准"的信赖，在一级市场，标准往往内化于专业的"人"的行为。为此要在中国现行的金融体制和金融市场结构下推动社会企业社会影响力投资，必须要立足一级市场，充分整合产业资本、财政资金、金融资本和民间投资，搭建面向四个主要投资结构的投资服务平台和推介平台。金融监管部门要开展专项规划，鼓励和支持投资银行和专业投资机构开展社会企业投资活动，一方面对接好社会企业，另一方面对接好产业资本、财政资金、金融资本和民间投资。探索构建面向社会企业社会影响力投资的职业经纪人新体制，更好发挥专业经纪人对不对称信息的化解与连接功能，通过发挥专业经纪人的专业解读、识别和匹配功能，为产业资本、财政资金、金融资本和民间投资与社会企业间搭建桥梁，科学、规范构建"产财金民·四位一体"的社会影响力投资市场。并支持社会企业投资专项平台建设，面向产业资本投资需求，对社会企业进行行业分类，并按照"专精特新"的发展模式，提取社会企业的主营业务关键词，让产业资本能够更高效地搜寻并匹配到行业内有潜质的社会企业，通过为产业资本和社会企业搭建投融资渠道，为社会企业注入行业头部企业的配套资源，服务社会企业的高质量发展。

四、探索设立同一化的政府采购与同业互助平台

欧洲社会企业外部支持生态系统的发展经验表明：同业互助是在社会企业发展生命周期全过程都行之有效的重要外部支持。但与发达国家的发展模式和市场结构不同，在中国不只是面向社会企业的同业互助平台很少被提及，哪怕是在具有寡头形态、上下游关联度极高的制造业也很少见到同业互助这种形式。在实践层面，其实同业互助最典型模式的就是工会，

但工会的发展模式在不同的制度情境下也具有先天的差异性，从而也不难理解同业互助在中国并没有成为一种主流模式的原因。截至 2023 年 12 月，在中国知网、百度学术、百度新闻上检索"社会企业同业互助"都没有关于中国社会企业同业互助的文章和介绍。检索"同业互助"，也只有寥寥几个文献，其中报道居多，主要是倡议和构想，规范的学术论文只有几篇，也是研究新中国成立以前的某些特定历史时期的同业互助现象。主要原因是在中国目前的制度环境下，行业协会和互助组织的实际互助功能都很差。社会企业在中国发展时间短，在各行业极其分散，以小微组织居多。目前可了解的信息渠道，都没有行业的龙头社会企业出现。并且，社会企业在中国的分布也主要在企业较少涉猎的细分领域，这些领域很难形成一个完整的行业生态。在不同的行业，进行互助就必须依靠强大的市场规模和竞争优势，但这恰恰是社会企业不具备甚至不追求的。实事求是地讲，在中国，绝大多数社会企业的生存依然面临举步维艰的窘迫境地。同业互助模式在中国本来就缺少发展基础，社会企业的实际分布、结构和发展形态也难以支撑互助平台的规范化发展。

在中国，发展社会企业同业互助平台比社会影响力投资基金更加脱离实际情况。但同业互助模式、理论构想与实践雏形确实存在，只是这种同业互助的存在方式以民主党派联系、统战联系、工商联联系、同乡会的模式展开，这些模式有其依托的发展逻辑，体制认同和体制内的有效连接至关重要。要推动中国社会企业同业互助模式的形成必须要依托中国情境下同业互助的已有形态。社会企业要构建行之有效的同业互助平台，必须要通过融入党领导的联络机制，才能够在实践中以更低的成本和更高的效率来打通同业互助联系。也因为如此，在中国要构建社会企业的同业互助，必须要面向与社会企业使命导向更有契合度，且对资源更具掌控力的党政系统。不论是特色同业互助平台，还是投融资体制，抑或是获取体制认同，社会企业的高质量发展都离不开国家治理体系的认同和支撑，以往研究虽然关注了政府支持问题，但很少关注党政直接的联通。从"评宣认"评估报告体制的政策分析来看，要充分发挥宣传的保障优势，也离不开党委体制下的宣传系统的支持与领导。从体制认同与支持的角度出发，社会企业本土化的同业互助最核心的要素恰恰是体制认同与支持，在具体业务形态上，离不开政府采购。

政府采购既能够对社会企业提供体制内认同，提升组织的合法性，同时也是与社会企业社会使命高度匹配的重要资金来源。相对外部投资，政府采购和补贴不但来源稳定，而且对社会企业保持稳健运行，抵抗使命偏离具有积极作用。目前，随着《区域全面经济伙伴关系协定》（*Regional Comprehensive Economic Partnership*，RCEP）的落地生效，中国已经进入了协议性覆盖的国际合作新情境，中国正在积极地申请加入《全面与进步跨太平洋伙伴关系协定》（*Comprehensive and Progressive Agreement for Trans-Pacific Partnership*，CPTPP）。在此背景下，面向开放环境下的政府采购将进一步规范化和常态化。尤其是结合国有企业与指定垄断条款，具有社会使命且具备国际可对话的社会企业发展模式，能够获取更规范的、可持续的网络联系和资源关系。

从外部制度环境出发，《全面与进步跨太平洋伙伴关系协定》暂时搁置了《跨太平洋伙伴关系协定》（*Trans-Pacific Partnership Agreement*，TPP）第 15 章"政府采购"条款中的 15.8 条和 15.24 条，其中 TPP 中的 15.8 条主要是政府采购条款的实施必须符合"透明度与反腐败"一章的规定，且不妨碍缔约方推动经认可的劳动权利的相关法律。但对上述措施的遵循不得成为国际贸易的变相限制或歧视。TPP 中的 15.24 条涉及进一步谈判，即 TPP 规定在本协定生效后的三年内，应该启动针对中央政府采购的谈判。CPTPP 第 15.4 条"一般原则"作为国民待遇和非歧视条款，明确提出"对于有关涵盖采购的任何措施，每一缔约方，包括其采购实体，应立即无条件地给予其他任何缔约方的货物和服务及其他任何缔约方的供应商不低于该缔约方，包括其采购实体，给予下列货物、服务和供应商的待遇"。也就是说，政府采购条款的首要原则就是要对供应商以最低国民待遇原则采取非歧视。在"中美贸易谈判开放投资准入、以竞争监管规范化推动市场化竞争、政府要保持竞争中立"三项外部条款的共同约束下，国有企业仅能以没有补贴或相对更低的补贴水平参与市场化竞争。政府采购很难成为补贴的替代产品，专项性补贴政策虽然区别于禁止性补贴[①]，但在上述三项外部条款的共同作用下，政府的倾向性支持政策将受到全方位的限制，通过政府采购和专项性补贴为国有企业提供竞争优势的政策可利用空间将越来越小。对此，政府采购条款也存在例外条款和过渡性措施，例外条款主要是针对公共秩序和公共安全，保护人类和动植物健康，为保护知识产权所必需的措施，以及与残疾人、慈善、监狱服刑人员的产品或服务有关的措施。过渡性措施主要针对发展中国家的优惠价格计划和补偿当地发展、改善该国国际收支账户为要求的用当地含量、当地供应商、技术许可、转让及投资等。政府采购条款与各规范要求条款类似，对公示、流程、时限、透明度和技术等争议性问题进行了较为清晰的规定。[②]同时，政府采购条款的例外条款和过渡性措施将非营利性组织可以排除在外。也就是说，社会企业本身作为一种非营利性的混合型组织，可以被排除在条款之外，具有高于国民待遇的优先采购权。也就是说，一方面国有企业可以通过派生社会企业来适度规避政府采购条款的限制；另一方面社会企业既能够在承接政府采购服务的过程中获取合法优先权，也能够作为国有企业承接政府采购项目的桥梁纽带。这能够为社会企业的发展提供规范、可持续的资源保障以及体制认同。

同时，政府采购具有信息整合平台化的需求，要融入政府采购体系，就有必要搭建社会企业的认定与采购平台。国际协议关于"政府采购"的执行虽然没有明确的界定，但多以数字化平台的形式搭建政府与市场的联系。为此，"评宣认"相结合的社会企业评估报告制度要与平台化采购相联

---

① 余莹. 中国入世议定书关于国企补贴的特殊条款及其影响[J]. 经营者，2013(1)：51-52.
② 艾德洲. 国民待遇原则下自贸区国资国企改革的集成性问题研究[J]. 国有经济研究，2020(1)：81-88.

系，在新的社会企业注册、认定、评估的过程中开展电子化备案，政府要打通社会企业工商登记的系统与工信、发展改革的监管系统。在系统和平台建设上，建议参照 36 氪企业项目数据库入库与推介模式，限定单个社会企业申请补贴政策的业务版图，动态自主优化限定范围内的业务版图，作为申报各类政府补贴的评价领域，以及申报政府采购项目的重要参考，通过更专业化的政府平台同步提升政府政策对社会企业的筛选效率和对社会企业的推介效率，为社会企业的"评宣认"工作提供技术支撑与保障。在此基础上，为社会企业发展提供更清晰的权威标签，以便社会企业获取"产财金民·四位一体"的影响力投资，并为社会企业搭建同业互助平台提供雏形与基础构架。

综上，要搭建以上外部支持体系的构架，关键是要打通体制机制的堵点，从面向社会企业的同业互助平台出发，至少要做到"三个打通"。一是对社会企业高质量发展问题，至少要打通监管和发展两条主线，监管是高质量发展的保障，发展是监管服务的对象和主线逻辑。二是要真正地解决制度、体制与组织合法性之间的联系，必须要打通党政体系之间的衔接，脱离了党的领导，宣传、统战工作就难以发挥作用，政府监管、采购与补贴支持就很难形成监管与发展保障的凝聚力，良好的外部认同和社会文化氛围就很难形成，为此要推动社会企业的发展，更好融入中国式现代化的发展进程，成为中国式现代化的重要实践主体，不只要更好地融入政府监管与扶持体系，更要嵌入到党领导的优越体制中。三是要构建社会企业同业互助不能仅限于理论构想，迈出实践的第一步必须要以业务和核心的资源保障为基础，必须要打通政府采购与同业互助平台的联系，对此，要从社会企业的工商登记出发，用好已有的监管体制和保障体系，打通工商登记与工信、发展改革部门的管理系统，通过数字化的平台保障，为社会企业间同业互助平台的信息获取提供雏形和基础框架，从而基于业务和成本收益可行性，切实为社会企业搭建同业互助平台提供基础保障。

五、将社会企业人才培育纳入到国家创新人才战略

人才是国之根本，也是组织机构发展的关键所在。与传统的企业用人、政府用人，甚至是非营利组织用人完全不同，企业用人关注绩效分配导向下的工作实效，虽然用人"德行"在"能力"之前，但对企业而言，"德行"是"能力"的一部分，有渴望、野心，甚至是在工作中有侵略性都至关重要；政府用人的标准可以被概括为"德、能、勤、绩、廉"，情怀与德行在先，政府用人的标准和规矩刚性更强，灵活性不足；非营利组织用人要以情怀为先，在目前中国非营利性组织的实践中，非营利组织用人甚至要安于"贫困"。社会企业用人则要以情怀为先，兼具专业性、活力和灵活性。首先，社会企业用人应具有强烈的改革精神。社会企业是社会创新和社会创业的具体形式，立足发现公共部门和市场失灵的领域，不仅停留在对这些领域的拾遗补阙，更是另辟蹊径，创新解决问题的手段，试图从根本上解决社会问题。其次，社会企业用人要具有对复杂性和不确定性的承受力。社会企业的发展环境远没有主流企业的环境成熟，缺乏可借鉴的经验。社会企业创业人才所关注的社会和环境问题也比商业领域中的问题更加复杂并且缺乏规律性。这就需要社会企业招收的人才应具有自信和虚心谦和的品质，对整个社会创业过程抱有学习的态度，乐于自我纠正，解放思想，勇当改革的先行者，把挑战视作机遇。最后，社会企业招收的人才应具有强烈的合作精神和分享意识。这源于社会企业的发展需要集体主义精神。社会企业在团结社会创业团队、调动社会资源方面需要亲和力和感染力，自觉、自愿贯彻社会企业"平等交流、积极主动"的管理原则。社会企业人才应当是理想主义者和实干家的统一，除具备勤奋、自信、积极、热情、进取、坚韧、灵活、务实等基础素质之外，还应具有强烈社会责任感、公共意识和公益精神。[①]

现阶段，中国社会企业人才的主要来源除原始创业团队会有较高的专

---

① 冯凌，王山. 社会企业创业人才开发：英国经验[J]. 第一资源，2012(3)：33-40.

业性和接受过较好的学历教育以外，大多数的从业者都是在企业不得志且进入不了政府公务员体系，又不甘于非营利组织收入过低的非专业性从业人员。以沃土工坊为例，工作人员学历不高，也没有一技之长，例如沃土工坊的红姐，中学毕业，最初在大排档以酒水推销为主业，为了贴补家用，白天在沃土工坊从事菜品分拣的工作，后来逐步融入到了沃土工坊无固定岗位的轮岗体制，逐渐熟悉其各部门各环节的工作模式，最后全职进入沃土工坊工作。团队中如拥有硕士学位的小方，也并不完全了解社会企业的发展理念，在针对海南农户郑先生的荔枝产品发掘与采购的过程中，甚至打破了坚守有机产品的内部规定。这也成了小张等早期员工不满机构发展，愤而离职的重要原因之一。在访谈过程中，能够清晰地感受到小方对社会企业的发展模式高度认同，只是缺乏在思想内核上根深蒂固的认识，小张更多面对的不解可能是源自她自身对个人成长的困惑。这些都能够通过专业的社会企业人才培养体系来解决，但目前中国缺乏具有广泛性意义的社会企业人才培养课程体系，导致一些在社会企业工作，认同社会企业发展模式的青年人才，在实际工作过程中面对诸多问题，没有一个系统且清晰的职业规划和职业守则，出现了彷徨的成长误区。这是社会企业使命偏离的一个非常重要的信号。

　　同时，对于坚定社会企业使命导向的创始群体，同样面临着在组织动态发展过程中和缺乏系统性学习的情况下对职业发展的困惑。沃土工坊创始人兼权威性管理者的出走及其二次社会创业的结构洞悖论现象，既是文化的，也是制度的。在跟踪调研和多次回访中，对沃土工坊创始人兼权威型管理者郝先生最深的印象，一是郝先生的社会情怀和个人特质的"慢"特征，这一品质在当前中国"快"发展模式下极为可贵，这与大量同行对沃土工坊调研时的感受相仿；二是郝先生是长期读书的专业性人才，他懂得资本运作，长期阅读儒家经典著作，具备管理学知识和管理者所需的个人凝聚力，他的二次社会创业是在初次社会创业成功基础上做出的选择，他对理论知识和实践探索两方面都有深厚的知识储备。郝先生反而选择了"出走"，更专注于旗溪农场项目的二次社会创业。在旗溪农场项目的制度张力重构过程中，直接采取了二元化的网络关系预设。组织制度向社会功能偏移直接导致人力资本的专业化补充受到制约，这不论是在创业还是社会创业中都是重大的资源拼凑的战略失误。从"结构洞"占位来看，旗溪农场在资源获取的社会网络关系预设中，直接选择放弃了外部人力资本和专业化人力资本的资源获取渠道，而这恰恰是沃土工坊社会创业得以成功的重要原因。郝先生深知在当前中国的经济环境下，生态农业支持和与之相关的社会企业要想实现发展必须具备销售功能。但是郝先生在二次社会创业中，偏偏在外部支持极其匮乏的情况下，选择了违反"结构洞"的占位原则，在新冠肺炎疫情下面对甜菜等易腐产品的滞销，并没有使用沃土工坊的销售平台，这种对市场力量形成"防备"的结构设置和占位模式是在对资源获取渠道和有效知识信息充分认知的情况下，做出的"理性"选择。

在高速的经济增长背景下，资源会向更具活力的企业集聚，社会企业难以获取优质资源。社会企业只能够通过有使命担当的社会企业家和员工不计回报的人力投入，获得竞争优势。而资源拼凑和人力投入都是一个需要时间积淀的过程，经过几年甚至十几年的探索，社会企业能够获得成功，但社会企业家和员工的年龄也都在增长，志愿者也需要面临更沉重的家庭负担。同样能力的人经过更大的努力，在社会创业中获得成功，实现规模飞速扩张的情况下，依然要主动拿着较低的收入，这很难持续。社会企业的商业化转变成了社会企业家理性的选择，面对使命漂移的现象，社会企业家对二次创业的占位设计呈现出了完全信息下的结构洞悖论现象。他们不是没意识到需要加强组织韧性对抗使命漂移，更不是因为组织重组缺乏权威性，而是在有期限的无限次动态博弈中充分认识到中国社会企业的现实境遇，用更可行的方式去找回初心。从实践中，能够发现目前中国在社会企业人才培养方面需要继续补课。表面上，组织的使命偏离被磨灭的是组织韧性，实际上，被磨灭的是人才的韧性，而在漫长的人生经历中，这种情况在各行业都普遍存在，培训能够解决职业发展过程中的状态调整问题。这恰恰是社会企业家和社会企业从业人员急需且缺乏的。

综合来看，社会企业用人既面对无人可用，又面对缺乏长期培训、引导和扶持的窘迫局面。为此，必须要尽快解决面向社会企业的人才培养困境。英国社会企业在人才培养方面的发展经验具有较高的借鉴性。[①] 由于在发达国家，更关注就业和就业培育问题，当就业者失业一段时间后，政府会为其提供免费的社区培训课程，这种兼具公益性的政府采购孕育了很多以人才资源开发为主业的社会企业。在人才培养的过程中，也能够向人们传递社会企业公平、多元、包容、团结协作的人才发展理念。本着"近水楼台"的原则，为外部培训人才的同时，也为自身发展选拔志同道合的可用人才。建议政府有关部门要重点鼓励和支持社会企业从事人才资源开发，以"近水楼台"的机会，选拔、培养和吸收人才资源，既为社会企业提供发展空间，也为社会企业提供让更多人们了解社会企业的渠道和选拔志同道合人才的机会。除此之外，需要从更宏观的层面出发，推动社会企业人才培养与培训。一是要加快构建符合中国国情的社会企业理论体系和课程体系。搜寻有代表性领域典型的社会企业创新案例，结合环保、乡村振兴、就业、养老、弱势群体教育培训、医疗卫生、社区发展、新农村建设、文化艺术保护推广等领域社会企业的发展需求和人才需求，编写教学案例，开展理论交流，形成面向中国社会企业本土化发展的专业课程体系。二是在传统的创新创业课程体系中融入更多的社会企业发展案例，重视社会企业的创业教育，让更多的优秀人才了解社会企业这种社会创业模式，了解社会企业的发展路径和职业成长路径，为社会企业创造更广泛的人才基础。三是在课程体系中要加强政策培训，让社会企业家、社会企业从业人员和更广泛的人才群体能够了解与社会企业发展息息相关的地方性法规和相关政策，助力社会企业的规范化发展。同时，让更多有志通过社会企业的创新模式实现个人发展的群体了解怎么将组织转型成社会企业，

[①] 陈雅丽. 社会企业的培育与发展：英国经验及其对中国的启示[J]. 社会工作，2014（3）：43-48，153.

以社会企业从业者的身份参与中国式现代化的伟大事业。

从服务中国式现代化的高度出发，中国社会企业的人才培育不只是弘扬社会企业家精神，构建支持社会企业人才发展的外部文化等环境建设问题，更是作为一种负责任创新（responsible innovation，又称 responsible research and innovation，RRI）的实践形式，要将社会企业人才培养纳入到举国创新体制和国家创新人才战略的高度。负责任创新实际上是一种对"现代性的反思"，将负责任的研究与创新的伦理观嵌入到了研究与创新过程，这一过程恰恰与当代政治、社会、生态、文化价值相协调，是人类经过了长期的科技革新与发展后的一种对发展的价值选择，是一种典型的中国式现代化视角的创新理念。社会企业作为一种负责任创新的具体体现，能够兼顾市场与社会的均衡发展模式，能够有效纠正中国当前普遍存在的市场与社会不均衡发展问题。在这个漫长的探索和互动过程中，要通过持续的高水平人才输出与培养，为社会企业注入以高质量发展服务中国式现代化的新动能。一是优化顶层设计，将社会企业人才培养纳入到国家创新人才战略；二是在具体实践中，鼓励有条件的省市将社会企业家纳入到人才政策体系，为社会企业家提供个人培训、子女上学、父母就医等专项支持，解决社会创业群体的后顾之忧，让社会创业群体真正地感受到融入国家战略的体制关怀，更大释放社会企业家的积极性；三是为社会企业从业者提供学历提升机会，探索设立非营利管理专业学位硕士（master of non-profit administration，MNA），鼓励高校开设非营利组织管理和社会企业管理硕士课程，按照专业学位的同等学力人员攻读的规范管理，降低招生的学历门槛，为有情怀、立志服务社会使命的专业人才提供学历教育的成长机会，更好融入国家高层次人才教育和发展体制。与社会企业家培养形成呼应，从职业规划和人才发展规律上入手，去解决社会企业人才培育与发展的软环境建设问题。

参考文献

[1]艾德洲. 国民待遇原则下自贸区国资国企改革的集成性问题研究[J]. 国有经济研究,2020(1):81—88.

[2]北京社会企业发展促进会. 2019 年北京市社会企业认证手册. [EB/OL]. https://mp. weixin. qq. com/s/JcvGUZOXQztiRJpc—MtlkA, 2019—11/2020—08

[3]蔡禾. 国家治理的有效性与合法性——对周雪光、冯仕政二文的再思考[J]. 开放时代,2012(2):135—143.

[4]陈雅丽. 社会企业的培育与发展:英国经验及其对中国的启示[J]. 社会工作,2014(3):43—48,153.

[5]陈扬,许晓明,谭凌波. 组织制度理论中的"合法性"研究述评[J]. 华东经济管理,2012(10):137—142.

[6]成鸿庚,李健,李筱涵. 合作社何以转型为社会企业?——基于权变组织创新视角的纵向单案例研究[J/OL]. 南开管理评论. https://kns. cnki. net/kcms/ detail//12. 1288. f. 20221214. 1343. 002. html.

[7]崔月琴,杜德安. 社会企业参与社区治理的路径及实践困境研究——以 Z 集团 S 社区居家养老服务中心为例[J]. 福建论坛(人文社会科学版),2023(2):174—186.

[8]邓辉,周晨松. 我国社会企业的法律形式及其认定标准和路径[J]. 南

昌大学学报(人文社会科学版)，2021，52(10)：67－77.

[9]丁开杰."社会企业"能服中国水土吗[J]. 社区，2009(05).

[10]杜德安，崔月琴. 社会企业参与社区治理的模式研究——基于组织印记与社区嵌入性的考察[J]. 中国非营利评论，2023，31(1)：1－19，292－293.

[11]冯凌，王山. 社会企业创业人才开发：英国经验[J]. 第一资源，2012(3)：33－40.

[12]冯蛟，董雪艳，罗文豪，等. 平台型企业的协同赋能与价值共创案例研究[J]. 管理学报，2022(7)：965－975.

[13]付晓光，刘小荃，柴培培，等. 职工医保门诊统筹待遇设计现状与启示[J]. 中国卫生经济，2023(12)：21－22，120.

[14]甘峰. 社会企业与社会协同治理[J]. 中国特色社会主义研究，2014(03)：95－100.

[15]高丙中. 社会团体的合法性问题[J]. 中国社会科学，2000(02)：100－109.

[16]高传胜. 社会企业、国有企业改革与社会创业创新[J]. 人文杂志，2016(12)：103－109.

[17]郭毅，徐莹，陈欣. 新制度主义：理论评述及其对组织研究的贡献[J]. 社会，2007(1)：14－40.

[18]何文，申曙光. 门诊统筹改变了农村中老年人的医疗行为吗？——来自医疗保险微观报销数据的经验证据[J]. 农业技术经济，2022(9)：74－87.

[19]胡国栋，王晓杰. 平台型企业的演化逻辑及自组织机制——基于海尔集团的案例研究[J]. 中国软科学，2019(3)：143－152.

[20]黄承伟，覃志敏. 我国社会企业发展研究述评[J]. 学习与实践，2013(05)：103－110.

[21]黄群慧. 国有企业在中国式现代化建设中的新使命新任务[J]. 国资报

告，2022，(11)：26—32.

[22]黄速建，肖红军，王欣.论国有企业高质量发展[J].中国工业经济，2018，367(10)：19—41.

[23]蒋永穆，李想，唐永.中国式现代化评价指标体系的构建[J].改革，2022(12)：22—35.

[24]焦豪，孙川，彭思敏.基于合法性理论的社会企业利益相关者治理机制研究——以宜信集团为例[J].管理案例研究与评论，2012(5)：333—343.

[25]金碚.社会企业的机理逻辑及对认识现代市场经济的启示[J].中国工业经济，2022(3)：5—19.

[26]兰德尔·柯林斯，迈克尔·马科夫斯基.发现社会(第八版)[M].李霞，译.北京：商务印书馆，2015.

[27]历杰，吕辰，于晓宇.社会创业合法性形成机制研究述评[J].研究与发展管理，2018(4).

[28]李培林.中国式现代化和新发展社会学[J].中国社会科学，2021(12)：4—21.

[29]李强.传统中国社会政治与现代资本主义——韦伯的制度主义解释[J].社会学研究，1998(3)：3—16.

[30]李友梅.中国现代化新征程与社会治理再转型[J].社会学研究，2021(2)：14—28.

[31]李政，周希禛.国有企业创新功能的理论逻辑与实现路径[J].当代经济研究，2020，300(8)：21—30.

[32]林尚立.在有效性中累积合法性：中国政治发展的路径选择[J].复旦学报(社会科学版)，2009(2)46—54.

[33]梁鹤.在有效性中获得合法性：制度环境下社会企业本土化发展的路径选择——一个典型案例的理论思考[J].中国非营利评论，2021，28(02)：233—247.

[34]梁鸿，赵德余.中国基本医疗保险制度改革解析[J].复旦学报(社会科学版)，2007(1)：124－131.

[35]刘蕾，陈绅.社会影响力投资——一种社会创新的工具[J].中国第三部门研究，2017(2)：21－41.

[36]刘蕾，邵嘉婧.社会影响力投资综合价值实现机制研究[J].中国科技论坛，2020(10)：150－159.

[37]刘继同.经济合作与发展组织报告节选[M].中国社会工作(第二辑)，北京：社会科学文献出版社，2002.

[38]刘少杰.国外社会学理论[M].北京：高等教育出版社，2006.

[39]刘小霞.社会企业：合法性困境及出路[J].学习与实践，2012(10).

[40]刘小霞.我国社会企业的历史演进及制度性角色[J].中央民族大学学报(哲学社会科学版)，2013(6).

[41]刘玉焕，井润田，卢芳妹.混合社会组织合法性的获取：基于壹基金的案例研究[J].中国软科学，2014(06).

[42]刘玉焕，尹珏林，李丹.社会企业多元制度逻辑冲突的探索性分析[J].研究与发展管理，2020(3)：13－24.

[43]刘玉焕，尹珏林，彭洋.社会企业如何通过社区资源拼凑实现低成本规模化发展？[J].研究与发展管理，2023(8)：126－138.

[44]刘振，崔连广，杨俊，等.制度逻辑、合法性机制与社会企业成长[J].管理学报，2015(04).

[45]刘志阳，邱振宇.社会企业分类研究：一个基于价值驱动的新框架[J].珞珈管理评论，2021(1)：1－16.

[46]刘志阳，许莉萍.制度与社会创业：基于文献的整合框架[J].经济管理，2022(3)：1－17.

[47]刘忠明.从制度理论入手的中国管理研究：回顾与前瞻[J].战略管理，2009(01)：41－48.

[48]罗杰·斯皮尔.论社会企业的外部支持生态系统[J].梁鹤，译.江海

学刊，2018(3)：33—38.

[49]罗曙辉. 首份《中国社会企业与社会影响力投资发展报告》发布[J].
WTO经济导刊，2013(5)：78.

[50]罗文恩，张雪华. 使命稳健：社会企业双重目标融合发展机制研究
[J]. 研究与发展管理，2023(8)：139—151.

[51]马克斯·韦伯. 经济与社会(上卷)[M]. 林荣远，译. 北京：商务印书
馆，2004.

[52]马克斯·韦伯. 社会学的基本概念[M]. 顾忠华，译. 桂林：广西师范
大学出版社，2010.

[53]毛基业，赵萌. 社会企业家精神——创造性地破解社会难题[M]. 北
京：中国人民大学出版社，2020.

[54]米尔顿·弗里德曼. 资本主义与自由[M]. 北京：商务印书馆，2004.

[55]潘小娟. 社会企业初探[J]. 中国行政管理，2011(07).

[56]彭伟，于小进，郑庆龄，祝振铎. 资源拼凑、组织合法性与社会创业
企业成长——基于扎根理论的多案例研究[J]. 外国经济与管理，2018
(12).

[57]邱一鸣，杨宏山. 社会企业视角下的社区养老服务运营模式——基于
北京市社区居家养老服务的案例考察[J]. 北京社会科学，2023(9)：
95—102.

[58]让－马克·夸克. 合法性与政治[M]. 佟心平，等译. 北京：中央编译
出版社，2002.

[59]沙勇. 社会企业发展演化及中国的策略选择[J]. 南京社会科学，2011
(07).

[60]沙勇. 中国社会企业研究[M]. 北京：中央编译出版社，2013.

[61]沙勇. 社会企业：理论审视、发展困境与创新路径[J]. 经济学动态，
2014(05).

[62]时立荣. 转型与整合：社会企业的性质、构成与发展[J]. 人文杂志，

2007(04).

[63]时立荣,徐美美,贾效伟. 建国以来我国社会企业的产生和发展模式
[J]. 东岳论丛,2011(9).

[64]时立荣,王安岩. 社会企业与社会治理创新[J]. 理论探讨,2016(3):
141-144.

[65]綦好东. 全面建设社会主义现代化国家新征程中国有企业的功能使命
[N]. 光明日报,2022-8-25.

[66]孙新波,马慧敏,何建笃,等. 平台型企业价值创造机理及演化案例
研究[J]. 管理学报,2022(6):801-810.

[67]田蓉. 超越与共享:社会企业研究新进展及未来展望[J]. 南京社会科
学,2016(12):59-64.

[68]涂洪波. 制度分析:对新制度主义的一种解读[J]. 广东社会科学,
2006(06).

[69]W. 理查德·斯科特. 制度与组织——思想观念与物质利益(第3版)
[M]. 姚伟,王黎芳,译. 北京:中国人民大学出版社,2010.

[70]王胡林,杨阳. 医疗卫生社会企业参与完善基层公共卫生服务体系的
理论逻辑与实践路径——以成都市为例[J]. 决策咨询,2022(1):
69-71,75.

[71]王虎学,凌伟强. 中国式现代化的人学向度[J]. 学术研究,2022
(11):13-20.

[72]王名,朱晓红. 社会企业论纲[J]. 中国非营利评论,2010(02).

[73]王浦劬. 论转变政府职能的若干理论问题[J]. 国家行政学院学报,
2015(1):31-39.

[74]沃尔特·W. 鲍威尔,保罗·J. 迪马吉奥. 组织分析的新制度主义
[M]. 姚伟译. 上海:上海人民出版社,2008.

[75]习近平. 保持战略定力增强发展自信 坚持变中求新变中求进变中突破
[N]. 人民日报,2015-07-19.

[76]肖红军，李平. 平台型企业社会责任的生态化治理[J]. 管理世界，2019(4)：120－144.

[77]肖红军，阳镇，商慧辰. 混合型组织生成的范式解构：创生式与转化式的多向演绎[J]. 上海财经大学学报，2022(1)：76－91.

[78]谢伏瞻，蔡昉，江小涓，等. 完善基本经济制度 推进国家治理体系现代化[J]. 经济研究，2020，55(1)：4－16.

[79]谢康，刘意，肖敬华，等. 政府支持型自组织构建——基于深圳食品安全社会共治的案例研究[J]. 管理世界，2017(8).

[80]谢海定. 中国民间组织的合法性困境[J]. 法学研究，2004(2).

[81]熊跃根. 转型经济国家中的"第三部门"发展：对中国现实的解释[J]. 社会学研究，2001(1)：89－100.

[82]徐坤. 中国式现代化道路的科学内涵、基本特征与时代价值[J]. 求索，2022(1)：40－49.

[83]胥思齐，席酉民. 社会企业竞合活动及其合法性演进研究[J]. 南开管理评论，2018(06).

[84]雅克·迪夫尼. 从第三部门到社会企业：概念与方法[J]. 丁开杰，徐天祥译. 经济社会体制比较，2009(4).

[85]杨家宁. 社会企业研究述评——基于概念的分类[J]. 广东行政学院学报，2009(03).

[86]阳镇. 平台型企业社会责任：边界、治理与评价[J]. 经济学家，2018(5)：79－88.

[87]叶静怡，林佳，张鹏飞，等. 中国国有企业的独特作用[J]. 经济研究，2019，54(6)：40－54.

[88]于保荣，张琼，郑艺慧. 未来5～10年中国医疗保障待遇设计的改革思路[J]. 卫生经济研究，2024(2)：19－22.

[89]俞可平. 发展社会企业，推进社会建设[J]. 经济社会体制比较，2007(11).

[90]余晓敏，张尊，夏豪宇. 我国社会企业的社会影响力提升模式及效果研究[J]. 经济社会体制比较，2023(1)：93−104.

[91]余莹. 中国入世议定书关于国企补贴的特殊条款及其影响[J]. 经营者识经济，2013(1).

[92]约翰·W. 迈耶，布里安·罗恩. 制度化的组织：作为神话与仪式的正式结构[M]. 姚伟，译. 组织分析的新制度主义，上海：上海人民出版社，2008：45−67.

[93]张莉，风笑天. 转型时期我国第三部门的兴起及其社会功能[J]. 社会科学，2000(9)：64−67.

[94]张其伟，徐家良. 社会组织如何激发城市基层治理活力？[J]. 管理世界，2023(9)：142−157.

[95]张晓峰，刘静，沈喆. 儒家义利观视角下的社会企业系统治理研究[J]. 山东社会科学，2017(02).

[96]张仪昭. 第三次分配视角下社会企业的价值诠释与主体构造[J]. 河南财经政法大学学报，2023(1)：71−81.

[97]中国慈展会社会企业认证手册（2018）报告，[EB/OL]. http：//mzzt. mca. gov. cn/article/zt _ zhcsr2018/6czh/mtbd/201809/20180900011488. shtml.

[98]中国社会企业与社会投资行为行业扫描调研报告 2019（简版）[EB/OL]. https：// max. book118. com/html/2019/0830/716016404600 2052. shtm.

[99]中国式现代化研究课题组. 中国式现代化的理论认识、经济前景与战略任务[J]. 经济研究，2022(8)：26−39.

[100]周雪光. 组织社会学十讲[M]. 北京：社会科学文献出版社，2016.

[101]朱健刚，严国威. 社会企业的内部治理与社会目标达成——基于 C 公司的个案研究[J]. 理论探讨，2020(2)：177−184.

[102]朱耀垠，尔古玛玛，夏璇. 发挥社区社会企业参与社区治理的积极作

用——基于成都市社区社会企业的案例分析[J]. 社会治理，2022
(6)：86—94.

[103]朱志伟，宋言奇. 政府推动社会企业参与社区服务的行动策略与逻辑——基于 C 市 W 区的实证考察[J]. 中国社会组织研究，2023(1)：
62—81.

[104]朱志伟，徐家良. 迈向整合性认证：中国社会企业认证制度的范式选择[J]. 华东理工大学学报(社会科学版)，2021(4)：124—135.

[105] ANDRE K，A PACHE. From caring entrepreneur to caring enterprise：addressing the ethical challenges of scaling up social enterprises[J]. Journal of Business Ethics，2016(4)：650—675.

[106]BACQ S，K A EDDLESTON. A resource — based view of social entrepreneurship：how stewardship culture benefits scale of social impact[J]. Journal of Business Ethics，2018，152(3)：589—611.

[107]BLOOM P N，A Chatterji. Scaling social enterpreneurial impact[J]. California Management Review，2009 (3)：114—133.

[108] CARROLL G R，HANNAN M T. Density dependence in the evolution of populations of newspaper organizations[J]. American Sociological Review，1989，(54)：524—541.

[109]CHO S，A KIM. Relationship between entrepreneurship, community networking，economic and social performance in social enterprises：evidence from south korea [J]. Human Service Organizations：Management，Leadership&Governace，2017(4)：376—388.

[110] DEES J G. The social enterprise spectrum：pholanthropy to commerce[M]. Boston：Harvard Business School Press，1996.

[111]DEFOURNY J，NYSSENS M. Conceptions of social enterprise and social entrepreneurship in europe and the united states：convergences and divergences[J]. Journal of Social Entrepreneurship，2010，1(1).

[112] DIMAGGIO, POWELL. The iron cage revisited: institutional isomorphism and collective rationality in organizational fields [J]. American Sociological Review, 1983, 48(2): 147—160.

[113] DOHERTY B, HAUGH H, LYON F. Social enterprises as hybrid organizations: a review and research agenda[J]. International Journal of Management Reviews, 2014, 16(4): 417 - 436.

[114] HAN J, S SHAH. The ecosystem of scaling social impact: a new theoretical framework and two case studies [J]. Journal of Social Entrepreneurship, 2020(2): 215—239.

[115] HIBBERT S A, G HOGG, T QUINN. Consumer response to social entrepreneurship: the case of the big issue in scotland [J]. International Journal of Nonprofit & Voluntary Sector Marketing, 2002, 7(3).

[116] AY WEERAWARDENA, GILLIAN SULLIVAN MORT. Investigating social entrepreneurship: a multidimensional model[J]. Journal of World Business, 2006, 41.

[117] LIANG HE. To gain legitimacy in validity: the path selection of localization development of social enterprises in china [J]. China Nonprofit Review, 2021, Vol. 13. 1&2.

[118] MIHAELA LAMBRU, CLAUDIA PETRESCU. Bottom—up social enterprises in romania case study—retirees' mutual aid association [J]. International Review of Sociology , 2016, 26 (2).

[119] MEYER, JOHN W, BRIAN ROWAN. Institutionalized organizations: formal structure as myth and ceremony[J]. American Journal of Sociology, 1977, 83: 340—363.

[120] MONICA DIOCHON, ALISTAIR R. ANDERSON. Ambivalence and ambiguity in social enterprise: narratives about values in

reconciling purpose and practices[J]. International Entrepreneurship and Management Journal，2021，5(4).

[121]MOORE M，D RIDDELL，D VOCISANO. Scaling out，scaling up，scaling deep：strategies of nonprofits in advancing systemic social innovation[J]. The Journal of Corporate Citizenship，2015（58）：67—84.

[122]NICHOLLS A. The legitimacy of social entrepreneurship：reflexive isomorphism in a pre — paradigmatic field [J]. Entrepreneurship Theory and Practice，2010，34(4)：611—633.

[123]OLIVE C. Strategic responses to institutional processes [J]. Academy of Management Review，1991，16(01)：145—179.

[124] SCOTT W R. The adolescence of institutional theory [J] . Administrative Science Quarterly，1987，32(4)：493—511.

[125] SHU C L，WANG Q，GAO S X，et al. Liu. firm patenting，innovations，and government institutional support as a double — edged sword[J]. Journal of product innovation management，2015，Vol 32(2)：290—305.

[126] SINGH. Performance，slack，and risk taking in organizational decision making[J]. Academy of Management Journal，1986，29(3)：562—585.

[127] SINGH J V，Tucker D J，House R J. Organizational legitimacy and the liability of newness[J]. Administrative Science Quarterly，1986，31（2）：171—193.

[128] SUCHMAN. Managing legitimacy：strategic and institutional approaches [J]. Academy of Management Review，1995，20：571—610.

[129] T PARSONS，C CAMIC，J COLEMAN，J ALEXANDER.

Prolegomena to a theory of social institution — with prologue and commentary ［J］. America sociology review, 1990, 55 （6）: 313—345.

[130]WEBER C, A KROGER, K LAMBRICH. Scaling social enterprises—a theoretically grounded framework [J]. Frontiers of Entrepreneurship Research, 2012(19): 1—15.

[131] WESTLEY F, N ANTADZE, D RIDDELL, K ROBINSON, S GOBEY. Five configurations for scaling up social innovation: case examples of nonprofit organizations from canada[J]. The Journal of Applied Behavioral Science, 2014(3): 234—260.

[132] WRY T and YORK J G. An identity based approach to social enterprise [J]. Academy of Management Review, 2017, 42 (3): 437—460.

[133] YIN R K. Case study research: design and methods[M]. CA: Sage Publications Inc, 2008.

[134] YIN R K. Case study research: design and methods[M]. Newbury Park, CA: Sage, 2003.

[135] ZHAO M, J HAN. Tensions and risks of social enterprises scaling strategies: the case of microfinance institutions in china[J]. Journal of Social Entrepreneurship, 2020(2): 134—154.